林鍾漢

1934년 서울 출생
서울대학교 문리과대학 철학과
한국사상연구회 간사, 월간 「現代日本語」 사장
한국국제문화협회 「アジア公論」 편집, 한국공업표준협회 출판부장,
한국품질경영연구원 편집주간, 한국산업경영개발원 전문위원.
현 관서신문 서울지사 근무
〈역서〉海外公報舘「韓國のすべて」
「韓國の古宮」, 「韓日交流二千年」, 「韓半島の全貌」,
「Discover KOREA」 등

검 인
생 략

世界山岳
名著選 4

청춘의 샘

지은이 · 오이겐 귀도 라머
옮긴이 · 임종한
펴낸이 · 이수용
펴낸곳 · 秀文出版社

1989년 4월 10일 초판인쇄
1989년 4월 15일 초판발행
출판등록 · 1988. 2. 15 제7-35호
132-033 서울 도봉구 쌍문3동 103-1
전화) 906-0707 · 904-4774

世界山岳
名著選 4

청춘의 샘

귀도 라머
임종한 옮김

秀文出版社

청춘의 샘과 라머의 사상

왈츠의 황제라는 명성을 떨친 요한 · 슈트라우스가 〈빈 숲속의 이야기〉를 발표했을 때 「청춘의 샘(Jungborn)」의 저자 라머 (Eugen Guido Lammer, 1862~1945)는 여섯 살의 어린 소년이 었다.

그 시절의 빈은 슈트라우스의 생애를 그린 영화에서 보듯이 화려한 드레스를 차려입은 숙녀들이 마차를 타고 비너발트(Wienerwald) 즉 빈의 숲에서 산책을 즐기고 사랑을 속삭였으며 오스트리아 황제의 궁전에서는 〈아름답고 푸른 도나우강〉의 출렁거리는 멜로디에 맞추어 수많은 귀족과 귀부인들이 화려한 왈츠를 추고 있었다.

그러나 김나지움(Gymnasium : 7년제 중학교)에 다니게 되면서 라머소년은 고리타분하고 엄격하기 짝이 없는 교사들의 학습과 규율의 강요를 피해서 틈만 나면 비너발트의 기슭이 아니라 산마루에 올랐다.

「쾌락을 추구하도록 되어 있는 우리가 어째서 고통을 찾으려하는 것일까? 안전하게 소유하고 있는 것에 주의를 기울이지 않는다는 것은 슬픈 진실이다. 건강한 발을 갖고 있는 사람은 그것을 느끼지 못한다. 그러나 발에 종기가 나거나 뼈가 부러지거나 류머티즘에 걸렸을 때 비로소 발을 의식하게 된다. 살아 있다는 것은 이루 말할 수조차 없는 값진 것이다……. 그러나 일단 위험에 빠지게 되면 인생의 의미를 처절할 정도로 맛보게 되며 그 후 위험에서 벗어나고 나면 그 후로는 계속해서, 인생은 놀랍도록 새롭고 절실하게, 보배처럼 느껴지는 것이다」(「어떤 등산가의 고백」에서)

이렇게 생각했기 때문에 라머는 험준한 산비탈을 기어오르고 높은 봉우리를 찾았던 것이다. 더구나 최대의 고통을 겪은 다음에 비로소 최고의 기쁨을 맛볼 수 있는 것이었기에 라머는 「따라서 오늘날 진정한 기사(Knight)의 이름을 남기는 것은 단독 등반자뿐이며 단독 등반자만이 산과의 싸움을 지난날의 가장 좋은 방법으로 고귀하게 싸워나간다고 할 수 있을 것이다」(「산위에서 한 연설」)라고 쓰고 있다.

오이겐 귀도 라머(Eugen Guido Lammer)는 1862년 오스트리
아의 빈에서 태어나 일찍부터 산에 끌려서 비너발트에 오르기
시작했고 1880년대에서 90년대에 걸쳐서 20대를 전후하는 무렵
에 거의 단독으로 등반활동을 계속했다. 더구나 그는 이미 알려
진 기존 루트는 피하고 새로운 루트의 개척에 도전하여 1883
년 스물한 살에 그로스 글로크너(Gross Glockner 3,798m) 동벽
을 올랐고 이듬해(1884)에는 후스쉬타인 북동능선, 1885년에는
그로스 페네디거(Gross Fenediger) 서벽, 1887년에는 바이스호른
(Weisshorn 4,506m), 찌나로트호른(Zinarrothorn 4,221m)의
단독등반을 했고 마터호른(Matterhorn 4,478m) 서벽에도 도전
했으며 1897년에는 역시 그로스 페네디거 북서벽의 초등을 했
다.

전형적인 19세기 말의 독일·오스트리아계 등산가의 한사람인
라머는 흔히 투쟁적인 등산가라는 평을 받고 있다. 라머로서는
편안한 관광스타일의 등산은 무가치, 무의미한 것이며 스스로
위험 속에 뛰어들어 산의 위험과 싸우는 것이야말로 영웅적인
행위이며 인간정신의 승리를 가져오는 것이라고 믿었다.

산과 대결하여 삶과 죽음을 한 순간에 가르는 극한 상황에서
비로소 인내와 용기, 침착성과 모험정신이 동시에 최대한으로
발휘되며 죽음의 공포, 부상의 위험을 극복하고 마침내 목적을

청춘의 샘

달성할 때 등산의 최고의 기쁨을 맛볼 수 있으며 인간의 한계능력이 더욱 넓혀졌음을 확인할 때 황홀한 감동과 환희를 맛볼 수 있다는 것이다.

그러나 이러한 감동은 젊은이의 혈기와 용기만으로 얻어지는 것은 아니기에 라머는 등반에 과학적 훈련방법을 도입하고 있다. 오늘날 산업계의 생산관리에 있어서 기본적 원리로서 활용되고 있는 테일러(Frederick Winslow Taylor 1856~1915)의 과학적 관리방법을 등반훈련에 활용한 것이다.

테일러가 「과학적 관리의 원리(The principle of Scientific Management)」라는 저서를 출판한 것은 1911년이었는데 당시 49세로 비엔나대학 교수였던 라머는 재빨리 이 테일러의 저서를 입수해서 읽어보고 이를 등반훈련에 원용하는 방법을 이끌어내어 「등산가를 위한 테일러·시스템」을 썼던 것이다.

테일러는 이 저서의 발간에 앞서서 이미 「공장관리(Shop Management)」(1903)를 저술했고 그의 이론은 미국의 산업화과정에서 새로운 경영관리이론의 발전에 박차를 가하게 되어 오늘날 널리 활용되고 있는 간트·차트의 창안자 간트(Henry Laurence Gantt 1861~1919), 동작분석의 기호화를 대성시킨 더블릭기호의 길브레드(Frank Bunker Gilbreth 1868~1924)같은 산업공학의 선구자들의 노력과 함께 미국의 산업발전에 위대한

8

기여를 했다.

테일러는 라머보다 여섯 살이 손위였으나 30년이나 먼저 세상을 떠났으니 대서양 건너 유럽대륙의 비엔나에 살고 있던 라머가 자신의 이론을 등반훈련에 활용하리라고는 상상도 못했을 것이다.

라머가 도입한 테일러의 이론이 그 후 오스트리아나 유럽의 등산가들에게 어느 정도 영향을 미쳤는가를 확인할 길은 없다. 그러나 라머의 이 글이 우리나라에서는 처음으로 번역되는 만큼 우리나라 산악인들 특히 청소년층에서는 생소한 이야기일 수밖에 없을 것이다.

실제로 산업체에서 근무하는 비즈니스맨들 중에서는 테일러 · 시스템을 알고 있는 분들은 많을 것이고 또 대학에서 생산공학을 배운 학생들 역시 테일러를 잘 알고 있겠지만 그의 이론이 등반훈련에 활용되고 있다는 사실은 이 책을 읽고서야 비로소 알게 되었을 것이다.

다행히 테일러의 저서는 「과학적 관리법」(한국능률협회)이라는 제목으로 번역 출간되었음을 말해 두겠다.

지난 1988년의 초가을 우리는 영광과 감동, 흥분과 감격의 제24회 올림픽 서울대회를 주최하여 우리 스스로도 놀라운 세계

제4위라는 경이적인 기록을 수립했다. 그런데 바로 92년전인 1896년에 라머는 제1회 근대올림픽이 개최되는 것을 흥분과 감동으로 지켜 보았던 것이다. 그는 「등산스포츠」에서 올림픽의 부활에 언급하여 '제1회 아테네 올림픽 대회는 고대 그리스의 스포츠축제를 되살리는 고리타분한 복고주의가 아니라 전세계 지식인사회의 뜨거운 열의와 관심을 집중시키면서 재현' 된 올림픽대회의 의의에 대해서 매우 뜻깊은 사실을 지적하고 있다. 즉 「오스트리아에서는 최근에 이르기까지 몇 세기 동안, 육체에 대한 배려는 모두가 천박한 일이라 하여 비난받아 왔다. 정신적으로 낙후되어 있는 몇 백만의 사람들이 자신 속에 뿌리내리고 있는 중세기의 잔재를 극복·청산하지 못한 채 '공허한 스포츠'라느니 '스포츠 병'이니 '강제노역'이니 하면서 비웃었다.」

우리는 19세기말에 라머가 느낀 제1회 아테네올림픽에 대한 글을 읽으면서 24회 서울올림픽의 의의를 새삼 되새겨 보게 된다.

물론 등산과 올림픽경기와는 공통점도 많고 차이점도 많이 있다. 그러나 「보다 빨리, 보다 높이, 보다 강하게」라는 올림픽의 모토가 추구하는 것은 인간이 육체의 한계능력에 대한 도전으로만 끝나는 것이 아니고 육체와 불가분·동등의 가치를 지니는 정신의 승화·고양을 기한다는 점에서는 등산과도 일치하는 것이다.

그런 의미에서 우리는 오늘날 관광놀이로 타락한 등산에 대해서 개탄을 금치 못하며 이 책을 엮은 라머의 글에서 깊은 공감과 교훈을 받는 것이다.

그러나 한 가지, 역자로서 공감되지 못하는 점을 끝으로 지적하고 싶다.

라머는「투쟁적인 등산가」라고 한다. 그러한 평가를 충분히 들을 수 있다는 사실은 그의 글 여러 곳에서 엿보인다. 즉「따라서 오늘날 진정으로 기사라는 호칭을 들을 수 있는 사람은 단독등반자뿐이며 그런 사람만이 산과의 투쟁을 지난 날의 훌륭하고 의젓한 방식으로 고귀하게 전개하고 있다고 말할 수 있을 것이다」(「산위에서 한 연설」). 이러한 대목을 비롯해서 그의 글 여러 곳에서 나오는 도전·정복·승리·극복·대결·투쟁 따위 투쟁적인 용어는 역자에게는 매우 거슬리는 말이다.

자연을 정복의 대상으로 보았던 서양적인 사상은 라머로서야 당연한 것이겠지만 자연을 합일과 귀의, 조화의 대상으로 보았던 동양, 그중에서도 우리 옛조상은 산을 산신령이 거처하는 신성한 곳으로 보았고 산을 숭배와 경외(敬畏)의 대상으로 보았던 것이다.

그래서 우리 옛조상은 「산에 오른다」고 하지 않고 「산에 들어 간다」고 했으며 또 산에 들어갈 때는 목욕재계하고 산신령에게 제사를 지내면서 입산허가를 받았고 미리 용변을 보아 산을 더럽히는 일을 삼갔던 것이다.

오늘날 산을 찾는 수많은 사람들이 산을 더럽히고 산마루·뭿 봉우리에 올라가서 끔찍스러운 「야호(野狐)?」 소리나 지르는 것을 보게 되면 서글픈 생각마저 든다.

산은 더구나 홍진세상(紅塵世上)의 물욕(物欲)과 명리(名利) 를 쏟아버리고 오는 쓰레기통은 아닌 것이다.

우리는 추하고 악한 것은 아예 산에 들어가기 전에 모두 버리 고 입산고사를 지낸 다음에는 산에 들어가서 맑고 깨끗하고 참되고 선하고 아름다운 자연의 섭리, 자연의 정신을 마음속에 가득히 채워가지고 내려와야 할 것이다.

이 책을 읽으신 독자들께서는 부디 맹목적으로 라머의 사상에 휩쓸릴 것이 아니라 주체적으로, 동양의 선비의 나라 한국인으 로서 우리는 산을 어떻게 대할 것이며 어떻게 보고 느끼고 생각 해야 할 것인가 곰곰이 생각해 주시기 바라는 마음이다.

1989년 3월 7일

옮긴이 임 종 한

世界山岳
名著選 4

청춘의 샘 · 차례

어느 등산가의 고백

이것은 신이 우리에게 부여한 사명이다 —— 인간의 영원한 비극
과 최후까지 싸워나가는 것은.
— Paul Gerhard Natorp 1854~1924

오늘날 진리를 탐구하는 사람의 마음 속이라든가 급격하게
변모하는 시대정신속에서 뒤얽혀있는 실꾸러미는 무수하게 많고
또 다양하기 짝이 없다. 하지만 그것도 언젠가는 모조리 풀어지
고 해결될 것이다. 여러 해 동안 우리의 행위를 무의식 중에
이끌어오던 것이 세월이 훨씬 지난 후일에 와서야 비로소 명확
한 욕망의 형태를 갖추고 나타나는 경우도 있다. 하지만 그
때는 이미 그것이 시계의 태엽, 즉 진정한 원동력으로서의 힘을
지니지 못하고 만다. 누가 과연 자기자신을 완전히 알 수 있을

것인가? 꽃이 피고 시들어 떨어지는 모든 것을 지배하는 불가사의한 자연력을 총괄하는 신은 예외로 하고, 목적을 의식하고 있다고 제멋대로 믿고있는 사람은 철딱서니없는 어린 애라고 할 수밖에 없다.

어린 시절 이미 나는 생명의 한계선 끝까지 가보았던 일이 있다. 나는 수영을 배우기 전에는 보트를 타고 혼자서 노를 저었다. 또한 나이가 들어 헤엄을 칠 수 있게 되자, 거친 물결이 소용돌이치는 급류를 헤엄쳐 건너고 싶은 불같은 유혹을 느꼈다. 또한 무서운 짐승과 격투를 벌이고 싶은 생각도 들었고, 화재 현장으로 달려가 불을 끄고 있는 어른들을 위험속에서 구해야겠다는 엉뚱한 유혹을 느끼기도 했다. 이처럼 나는 어린 시절부터 위험한 푸석바위나 다리의 난간에 무언가 끌리는 듯한 유혹을 느꼈던 것이다. 그러나 빈(Wien) 교외의 비너발트(Wienerwald) 로 갔던 최초의 산행 때에는 전혀 새로운 충동이 나를 사로잡았다.

명문 고등학교에서 세상물정도 모르는 교사들에게 꾸중만 듣고 한낮에도 어슴푸레한 방이나 숨이 막힐 듯한 대도시의 뒷골목에 처박혀 있던 나는, 거리낌없이 자유로운 대기 속을 거닐면서 이 드넓은 공간을 가슴 속에 단숨에 들이마시고 싶은 유혹에 사로잡혔던 것이다. 그 시원하고 넓은 숲을 보고 나는

![숲 사진]

라머가 즐겨찾던 빈 교외의 숲

미칠 듯이 기뻤고 가슴이 활짝 트이는 느낌이 들었으며, 내 자신의 능력이 무한히 뻗어나가는 듯한 심정에 황홀한 기쁨을 맛보았다.

조상으로부터 물려받은 에너지가 거짓된 교육에 의해 억압되어 있다가 이제는 행동으로 옮기고 싶은 강력한 충동으로 바뀌어 폭발했던 것이다. 그래서 내가 그 후 몇 해 동안 류머티즘성 관절염을 앓아서 장 파울(Jean Paul 1763~1825 Friedrich Richter)의 섬세한 감정과 수동적인 자연감정의 세계에 젖어있던 시기에는, 그 충동이 한층 더 강해져 도저히 억누를 수가 없을 정도였다.

식물에 관해서라면 거의 모르는 것이 없던 프리츠 레더와나, 천진난만하고 명랑한 우리 두 사람은 진짜 반더 포겔(Wandervogel) 이었다. 스무 살이 지났을 때였는데 칼 피셔가 베를린의 슈테크리츠에서 반더 포겔을 창설하기 전의 일이었다. 지금도 우리들은 저 요셉처럼 자상한 종교학 교수에게 감사하고 있다. 교수는 우리가 주일마다 설교와 예배에 빠지는 대신에 뻐꾸기와 종달새의 미사라든가 이슬비나 겨울의 설한풍(雪寒風) 미사를 즐기는 것을 눈감아 주었다.

비너발트는 남쪽과 서쪽으로 서서히 높아지는 형태였는데, 우리는 차츰 더욱 높은 곳을 향해 오르기 시작했다. 문화적 기반이 있고 기술에 얽매인 허약한 세계, 목적만이 지배하는 세계를 벗어난 우리는 진정 높은 산 위에 오르게 되자 정신을 차릴 수 없을 정도로 감동을 받았다. 이 산 위에서는 자연의 위력이 모든 생명을 참혹하게 짓밟고, 겨울의 눈보라와 여름의 폭풍우에 인간의 뼛속까지 무자비하게 얼어붙고 후줄근하게 젖는 것이었다. 또한 낙석은 비탈에 서있는 우리를 깔아뭉갤 듯 요란한 소리를 내며 굴러내려 왔다.

　더구나 알프스의 황야는 그야말로 아무 쓸모도 없고 목적도 없으며 내가 보기에는 이 끔찍스러운 문명에 대해 노골적으로 적의를 나타내고 있었다. 나는 이 모든 것을 눈으로 보고 마음으로 느끼며 나도 모르게 황홀한 심정이 되는 것이었다. '턱없는 자연의 목적도 없는 위력, 그것은 나를 불안하게 하고 절망으로 몰아간다.'라고 파우스트가 말한다면 나는 그 의미를 완전히 뒤집어서 이렇게 말하겠다. '그것이 나를 고무하여 황홀하게 만드는 것이다'라고. 이리하여 루소는 1880년이 되어서까지도 여전히 눈부신 영향을 미치고 있는 것이다. 그리고 또 언젠가는 목적만능의 병폐에서 빠져나오고 싶어지고 문명의 찌꺼기에 구역질을 참을 수 없게 되면, 이제는 백발이 성성하게 된 내가 지난날의 소년시절처럼 오늘도 더러움을 타지 않은 높은 산으로 피해 올라간다. 그래서 이 산 꼭대기의 황야에 오게 되면 인간이 만들어낸 것은 무엇이건 모두, 특히 등산철도라든가 사치스러운 산장 따위가 이 신전을 더럽히는 것으로 느껴졌는데 지금도 그 생각에는 변함이 없다.

나는 18살이 되었을 무렵부터 앞서 말한 모험이라든가 산등성이에서 아슬아슬한 곡예를 하고 싶다는 충동을 더욱 강하게 느꼈다. 그렇게 된 데에는 큰 원인이 있었다. 그러나 몇 가지 뼈를 깎는 듯한 개인적인 체험은 젖혀놓더라도 19세기 후반의 저 무서운 염세주의 사상이 어떻게해서 나를 사로잡게 되었는가 하는 이유 등은 짧은 등반지 정도로는 도저히 표현할 길이 없다. 그것을 모두 글로 쓰자면 한권의 책이 되고도 남을 것이다. 요컨대 알피니즘이라는 것은 그 시대의 산물이었다. 이토록 목적이 없고 쓸모없는 노력은 일반인에게는 도저히 이해 못할 수수께끼일 것이다. 이 문제를 속속들이 파헤치려는 사람은 그 시대의 깊고 어두운 밑바닥까지 파들어가지 않으면 안된다. 나 스스로도 그것을 체험했던 것이다. 그래서 당시 나의 고독한 젊은 영혼 깊은 곳에서 그 시대의 모든 종교적, 철학적 투쟁이 얼마나 처절하게 전개되었던가 하는 점을 이 자리에서 말해야 되는지도 모른다.

나는 사상적인 방랑자처럼 결코 인생을 달콤하게만 본 일이 없다. 또한 값싸고 손쉬운 해결방법을 써보려고 나섰던 일도

산에서의 깊은 사색

없다. 언제나 지독한 모순과 상처를 최대한 깊이 도려내어 그 실상을 두 눈으로 직시하려 했다. 쇼펜하우어는 손쉽고 재빠르게 인생의 해결방법을 찾아내려는 것은 그 본성이 천박한 자의 특성이라고 말했다. 나는 차츰 모든 것이 의심스러워졌고 또한 무의미하게 느껴졌다. 다른 사람들에게는 진·선·미이고 인생의 가치라고 생각되는 것들이 내게는 온통 무의미하게 느껴졌다. 신앙·신·모성애·우정·부부애·고결·희생·노동의 기쁨, 교육과 교양의 성과와 가치 뿐만 아니라 나의 직업, 일체의 정치적·민족적인 것, 일체의 문화적 이상과 학문적 진리, 예술과 자연의 아름다움 등등 모든 것들이 강한 회의와 분석, 비판의 대상이 되고 만 것이다.

이런 식으로 평범한 글로 써놓은 것을 별로 대수롭지 않게 생각하는 사람도 있을 것이다. 그러나 이 회의라고 하는 지옥의 불바다를 몇 해씩이나 헤매고 다녀야 한다는 것은 상상도 못할 고통인 것이다. 생명과 사랑에 굶주린 나의 젊은 영혼은 지칠대로 지쳐, 물에 빠진 사람이 지푸라기라도 잡듯이 사색의 손을 사방으로 뻗치며 허우적거리기도 했으며 그 몇 해 동안의 고뇌를 통해서 나의 젊은 영혼을 수천년 전통의 중압(重壓)을 어느 누구의 도움도 없이 참고 견디는 방법을 배웠던 것이다. 당시의 나를 괴롭힌 피나는 고통을 제대로 표현할 수만 있다면 아무도 이것을 천박한 회의의 장난질이라고 꾸짖지는 않을 것이다. 말하자면 내가 오랜 동안 권총을 손에 들고 언제나 자살 직전의 심정으로 살아왔다는 점도 이해할 수 있을 것이다.

물론 그 당시 생명의 마지막 경계선까지 나를 몰고간 것은 지난 날 산에서 느꼈던 것 같은 정도가 아니다. 그러나 한마디 말해 두겠지만 그것은 결코 자살할 만한 분위기는 아니었다. 오히려 그 반대여서 그 때야말로 나는 생명에 집착하려고 모든 에너지가 가슴 속 깊은 곳으로부터 솟아오르는 것을 느꼈다.

내게 있어서 알피니즘은 황홀한 도취였다고 할 수 있다. 그 속에 잠겨있노라면 우리 문명의 모든 염세적인 요소가 말끔히 사라지는 것을 느낄 수 있었다. 그러나 정력적인 활동은 턱없는 망상을 극복할 수 있게 하며 강력하고 건전한 충동에 의한 순진한 행동은 우리를 허무주의라는 불모(不毛)의 황야에서 구해준다는 사실을 발견했을 때, 이 망각의 도취는 더욱 더 나를 기쁘게 했다.

더구나 이것은 단순한 사상이 아니라 두말할 여지도 없는 체험이었다. 등산, 더구나 고통스럽고 위험한 산행은 이러한 즐거운 확신을 언제나 새롭게 해주었다. 그 때 나는 발견자였고 정복자였으며, 다른 사람을 위한 개척자인 동시에 자연에 대한 확실한 승리자였다. 특히 단독등반에서 아무도 모르는 길을

동료와 함께 하는 등반의 즐거움

더듬어 오를 때에는 더욱 그러한 감회가 새로웠다. 그러나 동료와 함께 가서 내가 리더를 맡고 있을 때에는 또다른 즐거움을 맛볼 수 있었다. 리더로서의 이러한 기쁨은 단독등반자가 맛보는 기쁨과는 성질이 전혀 다른 것이며, 또한 내가 전혀 모르는 느낌 즉 남을 따라 갈 때의 느낌과도 전혀 다른 것이다. 분명하고 솔직하게 말하자면, 동료들과 함께 산행을 할 때 나의 자아는 나의 감각 속에서 꼼짝않고 처박혀 있었다. 그렇다고 해서 성실한 상호협력의 정신이 결여되어 있었다는 말은 아니다.

때로는 굉장히 희생적인 일을 스스로 해낸 경우도 있었다. 그러
나 이러한 희생에 의해서 다른 사람들에게 산의 즐거움을 가르
쳐 준다거나, 헌신적인 사랑을 통해서 의식적으로 나 자신을
부정하고 들어간다는 것은 참으로 즐거운 일이었으나 진정한
협력정신의 고귀한 열매를 맛볼 줄 알게 된 것은 유감스럽게도
훨씬 뒤의 일이었다. 생명을 갈구하던 나의 영혼은 동료들과
함께 위험에 맞서서 투쟁한다는 자랑스러운 행위, 곧 이토록
향기롭고 맛있는 술잔을 오히려 완전히 뒤집어 엎어놓았던 것이
다. 내가 겪었던 몇 가지 조난사건은 그 등산기술의 졸렬함에
있어 참으로 창피스러운 일이었다. 그것은 지난날 나의 기억
속에 그 무엇과도 바꿀수 없는 진주처럼 빛나는 보석이었고,
여느 때 언제나 빛이 바래 있던 나의 인생에 신비할 정도로
아름다운 광채를 더 해 주는 것이었다. 아마도 나는 창조적인
작업을 하는 예술가나 과학자 또는 발명가가 되었다 하더라도
염세주의나 허무주의에 대해 똑같은 특효약을 찾아냈을 것이
다. 다만 운명이 나에게 그러한 길을 가지 않게 한 지금에 와
서, 나는 영혼을 구제한 '현자(賢者)의 돌'을 찾아낸, 알피니즘에
대해서 감사하고 싶다.

　나는 니체의 책을 한 줄도 읽기 전에 내 영혼의 깊은 곳으로
부터 알피니즘에 의해 낙천주의자로 성장했고 세계와 인생을

거리낌없이 긍정할 수 있는 방법을 배웠다. 이것은 참으로 고마운 일이었다. 바로 그렇기 때문에 나는 후일 '초인(超人)' 속에 숨어있는 히스테리컬하고 광적이며 폭력적인 것을 웃으면서 거부할 수 있었다. 나는 수많은 어릿광대들이 예나 지금이나 다름없이 자기가 마치 '초인'이기나 한 것처럼 뽐내는 식의 망상에 사로잡힌 일은 없다.

그러나 나는 단지 위험과 맞싸우는 일에 매혹된 것이 아니라 위험 그 자체에 매혹당했던 것이다. 이러한 충동은 수많은 뿌리에서 자라난 것으로 그 뿌리는 대부분 지하의 어둠 속에 묻혀있다. 그래서 이제 그 뿌리 몇 개를 드러내서 밝혀보기로 한다.

위험을 극복한 다음에 느끼는 기쁨과 위험 그 자체에서 느끼는 유혹은 전혀 다른 것이다. 앞의 경우에는 최고도의 행위의 기쁨이 있고 뒤의 경우에는 어디까지나 수동적인 것이다. 앞의 경우, 나의 자아는 자연에 대한 정복자로서 황홀한 도취감을 맛보며 신성화(神聖化)된다. 그러나 뒤의 경우 자아는 완전히 위기에 빠져들어가 절대절명의 제물이 된다.

쾌락을 추구하게끔 되어있는 우리 인간이 어째서 스스로 고통을 원하는 것일까? 안전하게 소유하고 있는 것에 대해서 전혀 관심을 기울이지 않는다는 것은 서글픈 일이다. 건강한 다리를 갖고 있는 사람은 그 사실을 전혀 의식하지 못한다. 그러나

다리에 종기가 생긴다든가 골절이 되고, 류머티즘에라도 걸리게
되면 그 때 비로소 다리를 의식하게 되는 것이다. 살아있다는
것은 이루 헤아릴 수 없을 만큼 가치있는 일이다. 뿐만 아니라
수많은 기쁨을 누릴 수 있는 열쇠가 된다. 그러나 '이 얼마나
멋진 일인가? 나는 지금 살아있단 말이다!' 하고 감동과 감탄의
환성을 올리고 하루에도 수십 번 기쁨에 들떠서 소리지르다가
꼼짝없이 정신병원에 갇혀버리고 말 것이다. 너무나 분명한
사실을 강조한다든가 감동한다든가 하는 것은 '정상'이 아니기
때문이다. 그러나 일단 위기에 처했을 때야말로 인생의 의미를
뼈저리게 느끼게 되며, 그 후 위기에서 벗어나면 인생은 전에
없이 아름답고 가치있고, 의의 있는 것으로 새삼 느껴진다.
또 한편으로는 혹시 그것이 상실되지나 않을까 하는 한가닥
불안의 그림자가 담배연기처럼 피어올라 떠돌게 되는 것이다.
따라서 도박사라는 것은 — 단순한 노름쟁이가 아니라 진정한
도박정신의 소유자 — 단순한 물욕이나 소유욕에서 도박을 하는
것이 아니라 상실과 획득의 경계선을 넘나드는 일에서 아슬아슬
한 즐거움을 찾는 탐미주의자이다. '너의 아버지로부터 물려받은
것을 더욱 노력해서 네 것으로 하라'고 말한다면 그것은 천재
괴테에 대한 쓸데없는 조롱이라고 할지도 모른다. 그러나 이
말이 요구하는 바를 충실하게 실현하기 위해서는 우리 역시

물려받은 유산이나 생명을 주사위에 걸 수밖에 없으며, 그렇게 함으로써 우리는 비로소 우리 자신의 소유로서 재산과 생명을 확보하게 되고 기쁨을 얻게 되는 것이다.

좀더 자세히 설명해 보자. 진정한 위험, 이를테면 내가 눈사태가 잦은 곳에서 미끄러져 내려가면서 우연, 즉 '의도적이 아닌 것'의 지배에 몸을 내맡겼다 하자. 그런데 나는 이 세상의 모든 일에는 질서 즉 법칙이 지배하고 있다고 믿고 있기 때문에 '의도가 없다'는 것을 믿지 않는다. '우연'이라고 사람들이 말하는 것은 마치 장님이나 다름없이, 그 곳에 모든 것을 포함하는 우주의 미묘한 실오리를 알아차리지 못하기 때문이다. 그래서 나는 자진해서 위험과 '우연'의 소용돌이 속에 몸을 내던짐으로써 더욱 높은 차원의 형이상학적 법칙을 찾아내려 했던 것이다. 우리 시대 이전의 사람들은 이러한 시도를 '무엄하다'든가 '신을 시험하려는 것'이라고 말했고 오늘날 역시 독실한 크리스찬들은 그렇게 볼 것이다. 하지만 나는 그런 유혹에 사로잡혔던 것이다. 내가 의식적으로 찾아나선 위험 속에서 나는 언제나 이율배반적(二律背反的)인 것을 느꼈다. 나의 자유롭고 거칠 것 없는 소망이 이 처절하면서도 화려한 악마적 세계에서 그 악마의 날개짓을 하며 마음껏 날아다닐 수만 있다면, 나의 이 보잘것 없는 육체 따위는 '우연'에 의해서 언제 산산이 부서져

28

알피니스트의 마음

없어지든 상관없다는 심정이었다.

그래서 나는 이따금 이 죽음의 위험이라고 하는 에그몬트 (Egmont)적 유혹(괴테의 작품 〈에그몬트〉의 주인공)에 도취되어 있었지만, 그러한 심리와는 달리 실제에 있어서는 윤리적인 면이나 논리적 사고(思考)에 있어서도 카이저링 백작의 다음과 같은 말에 동의할 수밖에 없다 — '도박사란 영웅과는 전혀 다른 존재이다. 영웅은 자기 생명의 깊은 뜻을 인식하고 있으면서도 그것을 ·희생시키는데 그것은 더욱 높은 차원의 존재가 있음을 알고 있기 때문이다. 그러나 도박사는 생명 따위야 아무렇게 되어도 좋은 것이니까 그 생명을 거는 것이다'. 그러므로 알피니스트들도 그 점을 분명히 인식하는 것이 좋겠다. 요컨대 위험이라는 말에는 매우 특이한 의미가 있다. 알피니스트들이 지배하는 것은 하나의 위험이다. 그런데 또 다른 위험이 알피니스트들을 지배하고 있는 것이다.

철없이 날뛰던 청년시대를 거쳐서 나이가 든 다음에도 나는 계속해서 알피니즘 활동에 충족감을 느껴, 어려운 암벽을 기어오르거나 허공으로 솟아나온 차일바위에서 즐거운 마음으로 밧줄을 타고 내려오는 일을 했다. 또한 미끄러질 위험성이 큰 가파른 비탈에서 발디딤턱을 만들기도 하고 폭풍우나 세찬 돌풍에 맞서 버티기도 했으며, 눈덮인 황야에서 눈보라를 날리며 미끄러져 내려오기도 했다. 이 모든 것은 오로지 그 행위만을 위한 것이었으며 순수한 스포츠였다. 뿐만 아니라 아내와 나중에는 아이들까지 그 나이에 어울리지 않는 위험한 곳으로 데려가곤 했다. 그런데 위험한 행동이라는 것은 이미 그 무렵 나의 알피니즘 사전에는 없었다.

나는 그런 것을 오히려 양념으로 원했던 것인데 실상 없어도 상관없는 일이었다.

나는 또 고독한 도보여행을 즐겨 숲과 황야와 소택지(沼澤地), 해안 주변의 평지도 누비고 다녔다. 그런데 특히 가장 고독하고 가장 원시적인 고산지대나 며칠씩 걸리는 스키여행에서 차츰 나의 정신세계와 사물세계 사이에 여러 가닥의 줄이 이어지게 되었다. 아무리 언어가 발달되었다곤 하지만 여기서는 말이 통하지 않으며 언어에 형태를 갖출 수도 없는 것이다. 그건 상식적인 이야기이다. 요컨대 인간의 언어라는 것은 소란스러운 시장바닥에서나 위력을 발휘하는 것이리라. 단지 조잡한 것, 피상적인 것, 보잘것 없는 감정의 기복, 틀에 박힌 논리와 사상 따위를 위해서만 언어는 창조되었고 사용되고 있는 것이다.

그 반대로 침묵이라든가 고귀한 정적(静寂), 깊은 내면성, 침묵의 도취 등 수많은 가치 중에서 이를 언어로 표현할 수 있었던 것은 천재적인 시인이라든가 신비적인 음악가 몇몇 사람에 지나지 않았던 것이다. 또한 일체의 사물, 자연의 형상, 기상 상태와 빛의 밝음 어두움, 색채의 짙고 옅음, 자연의 소리 등 이루 헤아릴 수 없이 많은 말과 글을 이루 표현할 길 없는 미묘한 감정의 뉘앙스에 대해서 언어라는 것은 완전히 무력한 존재가 된다. 언어는 사색 · 예감 · 관조 · 감동의 내용과는 적대적인 것이며 언제나 지나치게 배타적이며 한계가 좁다. 내가 아무리 조심스럽게 언어를 가려서 글을 쓰더라도, 그 글을 읽는 독자의 머리 속에서는 내 머리 속에서 울리는 소리와는 전혀 다른 소리가 울리고 있을 것이다. 따라서 나의 글을 읽으면 읽을수록 독자는 나의 진실을 오해할 것이다. 나는 서투른 비유를 사용할 수밖에 없다. 그러나 그렇게 해도 역시 불확실하고 나의 정신적 체험의 본질에서는 멀어지게 된다. 독자는 멋진 표현이며 영롱한 방울소리 같다고 할지도 모르지만, 실상 그것은 나의 처절한 통곡이요 답답한 심정의 서투른 토로(吐露)일 뿐이다. 내가 지난 여러 해 동안 알피니즘에 대해서는 선혀 글을 발표하지 않은 것은 바로 이 때문이다.

내가 인적없는 높은 산봉우리에서 쉬면서 내 마음의 실 뿌리 한 가닥 한 가닥이 단단한 바위 속으로 뿌리내려 뻗어나가고, 또 멀리 아스라하게 아지랑이가 끼는 매혹적인 지평선의 휘붐한

홀로의 스키여행

언저리로 찾아들어가며, 또 덩실덩실 춤추는 듯 기복(起伏)을 이루는 등성이 너머 그림같은 원경(遠景)속으로 녹아 들어간다고 말하면 현명한 독자는 아마 틀림없이 이렇게 말할 것이다. '그건 바로 범신론(汎神論)의 세계관이 아니겠소?' 라고 하지만 그렇지는 않다. 모든 사물의 배후에, 내 자아의 배후에 '신성(神性)'이 자리잡고 있다는 것은 그렇게 단순한 일이 아니다. 그것은 훨씬 더 복잡한 문제이며 나의 세계는 무한에 가까운 시야(視野)를 갖고 있는 것이다.

신에 이르는 높은 사다리가 있다고 한다. 더구나 나의 머리 위에는 나는 물론이요 그밖의 어느 누구도 알지 못하는 9만9천개의 사다리가 있는 것이다. 그런데 무엇보다도 내게는 때때로 자연에 대한 '거리(距離)의 정감(Pathos)'이 결여될 때가 있다. 그럴 경우에는 역시 신의 현존(現存)에 대해서 전율을 느낄 수밖에 없을 것이다. 고독한 알피니스트의 마음은 때때로 이 좀처럼 없을 성싶은 순간에 전율을 느끼며 떠는 것이다. 이 감미롭고도 심오한 전율은 역시 어떤 최후적인 것, 본원적으로 강력한 것이다. 그러나 이것은 내가 산에서 흔히 느끼는 것은 아니다. 반대로 나는 수천의 사물 하나하나와 내가 얼마나 친근하게 접해 있으며 이루 헤아릴 수도 없이 많은 온갖 연줄로 맺어져 있는가를 느끼는 것이다. 그 연줄이 나의 내면 즉 좁고

회오리봉을 비추는 햇살은 신선함과 태고의 향수 같은 감정을 불러 일으킨다.

깊으며 작은 의식의 심층부에서 숨쉬고 있는, 나도 알 수 없는 무의식의 수면 밑에 있는 것을 이 외계에 있는 모든 사물과 이어놓고 있는 것이다.

이를테면 깜찍하게 예쁜 꽃잎 위에 모세혈관 같은 그물눈이 있는 저 개감채꽃, 벼락을 맞아 갈갈이 찢겨서 반쯤 시들어버린 참나무, 에메랄드 그린색의 도마뱀―그 모든 것들이 갑작스레 나의 따뜻한 사랑을 일깨우는 것이다. 나는 마치 그것들이 내 자아의 분신(分身)인 것처럼, 온마음 다 바쳐서 그것들의 고통·행복·희망을 함께 나누어 갖게 된다. 작별하게 될 때는 나는 마치 정든 옛 친구에게 하듯이 인사를 하고, 저 용감했던 거목의 죽음에 대해서는 진정으로 가슴 아프게 눈물을 뿌리며 조상(弔喪)하는 것이다.

내게는 산에 있는 것 모두가 정이 가는 것이다. 동지도 있거니와 적도 있다. 때로는 적도 또한 동지이다. 피어오른 짙은 안개의 틈을 헤치고 들어가, 보잘것 없는 산장이나 얼음의 회오리봉을 눈부실 정도로 빛나게 하는 햇빛을 마치 천지창조 이전의 상태를 회상하는 것같이 나의 가슴 속에 신선한, 그러면서도 태고의 향수 같은 감정을 불러일으키는 것이다. 저 엄청난 눈사태야말로 가장 알기 쉬운 언어로 나에게 말을 한다. 다만 나는 하나하나 매우 명확하게 느낄 수 있는 이 모든 것을 모두 똑같은 방법으로 표현할 수가 없을 뿐이다. 인간의 언어라고 하는 도구는 아무런 쓸모가 없고 또 나는 화가로서의 재능도 없고 음악가도 아니기 때문이다.

이러한 모든 것을 화음으로 만드는 축복받은 기본 음정으로서 다음과 같은 분명한 의식이 있다. '거기 있는 것'과 '세상에 있는 것' 사이는 친근한 관계만이 아니라 원초적(原初的)으로 일체(一體)를 이루고 있다는 의식이다. 이 모든 것들이 일찍이 없었던 쾌락을 불러일으켜 개인의 약하고 보잘것 없는 영혼은 스러져버릴 지경이 되는 것이다. 그것은 항상 새롭게 창조되는 신화이며 종교이고 진리를 향해서 꽃피는 시(詩)이며 선과 색채의 교향악이며 도취이다. 또한 그것은 철학이기도 하다. 왜냐하면 그 때 나의 사고(思考)는 침묵할 필요도 없고 나는 좀더 파고들어가 더욱 직접적으로 사색하기 때문이다. 그것은 또한 소박하고 명석한 관조인 동시에 의식의 수면 밑이라고 하는 무한한, 눈에 보이지 않는 세계, 그리고 또 미지의 그 무엇에 이르는 축복받은 몰입(沒入)이다.

외계의 자연과 가까이 하게 되면 나의 내면세계가 분명히 의식된다. 그리고 나의 내면세계를 바탕으로 나의 외계의 사물이 지닌 영혼을 이해하게 된다. 그러나 나는 혼자여야만 하는 것이다. 설사 아무리 섬세한 감각의 소유자라 하더라도 단 한

37

명의 동반자라도 있어서는 안된다. 또한 주위에 낯 모르는 여행자가 있어서도 안된다. 아마 넓고 거친 황야에서도 나는 이와 비슷한 대화를 황야와 함께 나눌 것이다. 하지만 그것은 산에서처럼 아기자기하고 진지한 대화가 되지는 못할 것이다. 또한 바닷가에서도 나는 똑같은 체험을 할 것이다. 그러나 바닷가에서 나는 고독을 느낄 수 없다. 하지만 산에서만은 언제든지 마음만 먹으면 즉시 고독의 세계에 침잠(沈潛)하여 산과 말없는 대화를 나누게 된다. 이를 위해서는 등반시즌과 관광코스만 피해서 가면 되는 것이다.

이러한 심정은 결코 안개처럼 어슴푸레한 감각이 아니라 이미 말한 것처럼 산의 세계가 개인적인 친구, 살아있는 영혼을 지닌 친구처럼 절실하게 느껴지는 것이다(그런 친구는 산에 수천 수만명이 있다). 그래서 나는 되도록 산의 세계에 가까이 가려는 것이다. 이를테면 지질학이라든가 지형학적 방법으로 그 특성을 좀더 정확하게 배우고 싶은 것이다. 그러나 생물학이나 심리학, 식물학은 나를 더욱 더 경이에 넘치는 세계로 이끌어준다. 그래서 나는 이들 모든 알프스의 식물들이 내 주위에서 나와 똑같이 숨쉬고 있음을 알게 되고, 또한 그들 식물이 외계의 자극에 현명하게 순응하며 동시에 그 끈질기고 참을성있는 지혜로 자기 생애의 목표와 강력한 의지를 그 나름대로의 방법으로 실현하려고 애쓰고 있음을 알게 된다. 그리고 또 불현듯 나는 이 세계에 존재하는 모든 것이 너무나 다양하다는 사실 앞에 전율을 느낀다. 내가 불타는 사랑과 애틋한 동경의 마음으로 대상을 추구함에도 불구하고, 그들은 문을 굳게 닫고 있어 낯선 거지처럼 그 문 앞에 서 있을 수밖에 없는 것이다. 내가 사랑하는 많은 친구들은 모두 저마다 성벽을 높이 쌓고, 성 안에 몸을 숨기고 있는 것이다.

한편 회화 역시 나에게 알프스의 외형적 현상을 이해하게 해준다. 회화의 형식이나 색채는 사물의 영혼의 문을 열어주는 열쇠이다. 여기서 미리 말해두겠지만 내가 말하는 '영혼'이란 것은 비유적인 말이 아니라 사실 그대로의 의미이며 따라서 신비적인 것이다. 테오도르 페히너(Theodor Fechner, 1801∼1887)가 그의 시〈첸다베스타(Zendawesta)〉에서 우주의 별에게도 영혼이 있다고 노래하고, 〈난나(Nanna)〉에서는 식물에게도 영혼이 있는 것으로 표현한 것도 그런 의미이다. 그래서 괴테 역시 '지령(地靈-Erdgeist)'이라는 것을 문자 그대로 대지의 진정한 영혼으로 생각했으며 그것은 결코 피가 통하지 않는다는 것의 비유는 아니었다.

따라서 내가 산에서 처음으로 찾아내고 그 후 줄곧 의식적으로 산에서 추구해온 것은 자연의 모든 힘과 요소의 무한한 통일

과 조화, 또한 내 자신의 내부의 온갖 힘과 충동의 조화, 그리고
다시 이 두 그룹 사이의 조화였다. 우리의 비문화적인 문명이
오늘날 여전히 분열되고 개별화하고 있을 때, 신을 호흡하는
웅대한 알프스의 자연 속에서는 모든 개체가 하나의 우주가
되어 융합되고 있는 것이다. 나에게 있어서 그것은 결코 피상적
인 것의 안이한 조화는 아니다. 기괴하기 짝이 없는 바위모서
리, 전율을 느끼게 하는 낭떠러지, 귀청을 찢을 것만 같은 폭풍
우의 울부짖는 소리, 모든 것을 휩쓸어 부숴버리는 눈사태, 이러
한 것들은 부드러운 햇빛과 엷은 안개의 베일, 아름다운 곤충,
그리고 조용히 미소짓고 있는 암벽틈의 풀꽃 따위 등과 모두가
하나로 이어져서 일체(一體)가 되어 있었던 것이다. 그러나
설사 이처럼 부드러운 것과의 결합이 없더라도 황량한 알프스의
풍경은 나에게 여전히 법칙에 바탕을 둔 질서있는 모습을 보이
고 있다. 스포츠활동이라든가 조용한 직관, 신비스러운 감각,
학문적인 사색, 산에서 겪는 고통에 대한 한없는 기쁨 등은
내 자신의 마음 속에서는 한 가지 존재의 여러가지 측면을 나타
내는 것에 지나지 않는다. 지난날 염세주의자로서 알프스의
품 속에 도피했던 나를 이 높은 산의 비호자(庇護者)는 자기자
신 및 세계와 일체 된 모습으로 변신시켜 석방해 주었던 것이
다.

내게 있어서의 알피니즘은 이렇게 해서 서서히 결정(結晶)을 이루어 갔다. 그것은 요컨대 조화적인 인간이며 완전한 자연이다. 이루 헤아릴 수도 없이 많은 보물이 이 산의 세계에서 잠자고 있는 것이다. 우리는 모든 아름다운 것과 고귀한 것, 무서운 것을 우리의 마음 속에 끌어넣기 위해서 의식적으로 우리의 신체기관과 능력과 힘을 창조해 내야 하지 않을까? 물론 이러한 요청은 실현 불가능한 것이다. 리하르트 슈트라우스 (Richard Strauss 1864~1949)가 지질학자・고생물학자・고고학자 ・역사가・민속학자・예술가・ 문화인류학자를 겸했던 것처럼 우리가 숙달된 스포츠 알피니스트이며 자연 탐닉자(自然耽溺者)이고 철학자・신앙가・이상적 산악사진가・천재 화가・알프스교향곡의 작곡가를 겸할 수는 없으며 그렇게 될 가능성은 물론 없으리라. 그런 사람과 알고 지내게 되면 그 사람을 '소우주 씨(小宇宙氏-Herr Kleine Kosmos)'라고 불러야 하겠다. 그러나, 일체를 포함하는 이상은 도달하기 어려운 것이라 하더라도 조화로운 전체적인 인간상은 언제나 눈 앞에 그리고 있지 않으면 안된다. 그렇지 않으면 우리는 무슨 일에서나 모조리 일면성 (一面性)으로 말미암아 수척해 지고 마침내 딱딱하게 굳어져버리고 말 것이다. 만약 우리의 마음에 대해서 산의 부유함의 새로운 측면을 파헤쳐보려고 한다면, 예컨대 지질학을 배우고 또는 분위기와 기술에 익숙한 사진기술을 배운다면 행복의 새로운 파도는 언제나 우리를 향해 밀려올 것이다. 이와 같은 행복에 대해서 국외자(局外者)는 전혀 알아차리지 못하고 있는 것이다.

이리하여 나는 한 사람의 등산가요, 인간으로서 모든 존재의 힘의 조화를 향해서 노력함으로써 그리스의 저 페리클레스, 자신의 존재 가운데에서 일종의 조화를 구현한 문화사상의 최후의 증인인 페리클레스의 시대를 전망할 수 있을 것 같은 심정이 되기도 한다. 그러나 내가 도리아식의 신전 예컨대 저 그리스 정신의 지고지순(至高至純)한 표현인 파르테논 신전을 볼 때, 우리 같은 유럽 북부의 사람들은 이 같은 조화를 실현시킬 수도 없고 또한 바랄 수도 없다고 생각한다. 그리스인들은 언제나 바다에 둘러싸여 있어 그들의 정신세계는 바다처럼 넓고 고요했던 것이다. 하기야 바다도 때로는 거칠게 몸부림치는 경우도 있지만 이윽고 모든 격동을 잠재우고 또다시 수평과 정적이라고 하는, 일체를 지배하는 법칙으로 되돌아가는 것이다. 그래서 그리스인들의 영혼 속에는 그 신전에서처럼 하나의 수평선 즉 균형과 조화가 지배하고 있는 것이다. 강인한 상승 의지, 즉 두리기둥(圓柱)은 저 흔들림없는 억제(절도있는 신중성)와 균형(탁하지 않은 영혼의 정적)을 섬기는 쌍둥이 아들일 것이다.

하늘로 솟으려는 첨탑의
슈테판돔 성당

우리의 북방 문화가 낳은 것은 고딕이며 첨탑과 아치를 갖는
것이다. 북유럽인들은 그들의 고향산천에서 흔히 보는 높은
산봉우리나 높이 솟은 전나무에서 고딕양식의 개념을 발상했으
리라고 나는 믿고 있다. 그러나 더욱 중요한 것은 우리의 정신
세계를 지배하고 있는 고딕양식의 표현이다. 하기야 북유럽에도
슈트라스부르크 의 성당이라든가 파리의 노트르담과 같은 수평
적인 것도 있기는 하다. 그러나 상승의 의지는 훨씬 더 강력하
게 지배하고 있다. 울름(Ulm)의 성당이라든가 빈의 슈테판돔

(Stephandom) 등에서는 현세적(現世的)인 수평요소는 완전히 소멸해 있는 것이다. 어느 한 부분을 떼어 보더라도 모든 첨탑과 기둥이 한결같이 하늘로, 위로 솟아오르려 하고 있으며 더구나 137 m 나 되는 첨탑은 무한한 상승의지를 나타내는 듯 하늘을 향해서 치솟다가, 마침내 인간능력의 한계에 이른 곳에서 아직도 못다한 동경의 저 하늘 끝을 향해 안타까운 몸짓으로 손을 뻗치고 있는 듯한 모습이다.

그러나 이러한 고딕정신도 하나의 조화를 지니고 있다. 그것은 전력을 다해서 그 힘을 균형시키려고 하나의 완성을 시도하고 있다. 그런데 그 균형은 초현세적인 균형이다. 요컨대 이 세상에서는 결코 안식을 얻을 수 없었던 힘이 눈에 보이지 않는 한계 너머에서 비로소 어떤 이상적 균형에 도달한다. 이러한 북방적 이상은 파우스트적인, 영원히 동경해마지 않는 고딕적 인간의 이상이다. 고딕적 인간은 자기자신의 모든 힘과 충동을 불러일으켜 통일적으로 위로 끌어올려 마지막에는 초자아 속에서 목적과 조화를 찾아낼 수 있다. 그것은 또 내일의, 모레의 전체적 인간상이며 나 자신도 그렇게 되기를 원하고 있다. 이를 위해서는 특히 고딕적 상징인 산이 더할 수 없는 도움이 되는 것이다.

그러나 원형아치의 법칙에 의해 형성된 산도 많다. 지질학자

44

가 '노년기(老年期),라고 정의한 산들이다. 그러나 내가 사랑하고 추구하는 것은 그런 산이 아니다. 진정으로 인격적인 성격을 지닌 산은 모두가 고딕적이다. 회오리봉과 송곳봉과 뿔 같은 산이다. 또한 성벽 둘레에 망루가 솟아 있는 성곽처럼, 뾰족한 봉우리로 둘러싸여 있는 산들, 모두가 가파른 벼랑으로 이루어진 반항적인 산을 나는 사랑한다. 그렇게 되어서 비로소 나의 소망은 불가항력적으로 하늘을 향해, 높은 곳을 향해 끌려 올라가는 것이다. 그러나 내가 오랜 세월동안 가꾸어온 소망의 목표를 이렇게 해서 이룩하자마자, 즉시 이같은 파우스트적 심정의 동경은 그 산에 의해서 조용히 진정되기는커녕 더욱 더 세차게 불타오르는 것이다. 그것은 손을 뻗쳐 신비스러운 저 너머를 모색한다. 그것에 비로소 조화가 있으며 불타오르는 소망의 평화가 있을 것임에 틀림없다.

그러나 나의 북방적정신의 고딕적 심볼은 나를 더욱 전진시킨다. 즉 첨탑아치는 한쌍을 이루고 있지만 그 하나하나 자체를 두고 볼 때 아무 소용도 없고 무의미하고 볼품없는 잡동사니이다. 이밖에도 고딕성당에서는 이 대칭(對稱)의 묘가 효과를 나타내고 있을 뿐만 아니라 더욱 많은 자질구레한 부속물이라든가 기묘한 것, 그로테스크한 것, 쓸데없는 잡동사니가 덧붙어 있다. 그리고 이 모든 것들이 어떤 강력한 것, 어떤 매혹적인 것을 향해 정비된 채 그 자체로서 함께 노력하고 있으므로 거기에서 멋진 전계음(全階音)과 조화가 이루어지는 것이다.

여기서 비로소 나는 내 눈이 활짝 떠지고 미망(迷妄)에서 깨어나게 됨을 느낀다. 그것은 바로 공동체라는 의식이다. 고을 전체가 몇 세기 동안 여러 세대에 걸쳐 고귀한 현세(現世)의 생활을 영위해 가면서 또 피안(彼岸)을 지향하면서 함께 살아왔던 것이다. 그러니까 고딕건축은 공동체의 감동적인 심볼이된 것이다. 서로 다른 유래와 성장과정을 갖는 온갖 형태의 영혼이 모두 함께 첨탑아치와 같은 뜻을 갖고 서로 동지적인 노력을 하는 가운데 융합되고 있음을 느낄 수 있다(이를테면 같은 밧줄에 매달려 있을 때의 형제같은 우의와 연대감을 생각해 보라). 많은 개인들이 서로서로 인정하고 공동작업을 위해서 서로 손을 마주 잡는다. 그들은 그 멋진 사후(死後)의 목적에 있어서 하나로 뭉쳐져 있다.

그런데 나의 비애는 여기서 비롯됐다. 나는 공동체의 숭고한 이상이 미래의 하늘 높이 찬란하게 빛나는 것을 보게 된다. 그러나 나 자신은 그것이 가능하다고는 보지 않는다. 오랜 청년시절과 장년시절을 지나오면서 나는 오직 개성만을 존중하고 나 자신의 인간성에만 매달려 왔다. 다른 사람의 마음을 헤아려 진정한 공동체의 일원으로서 활동한다는 것은 나로서 도저히 해낼 수 있을 것 같지가 않다. 오늘날 천박한 이기주의와 증오 가 판치는 세상에서 누가 과연 이 일을 제대로 해낼 것인가?

산 위에서의 연설

햇살은 한줄기 또 한줄기 두리기둥(圓柱)이 줄지어 늘어서는
대청마루를 빠져 나가듯 생명의 내면(內面) 깊이 비쳐 든다.
— 율리우스 그로세 〈동경(憧憬)〉

1913년 8월, 나는 절친한 사람들로만 이루어진 반더포겔(
Wandervogel) 제1연대를 따라서 며칠 동안 룽가우(Lungau)의
산악지대를 트레킹(Treking)했다. 일행 중에는 나의 조카딸과
아들도 끼어있었으며 나는 그들에게 암벽등반의 즐거움을 맛보
게 해주려고, 일행을 그로세 그루페트셰크 정상까지 데리고
갔다. 마지막에는 함께 마우테른 도르프(Mautern Dorf)에서
슈파이에르에크에 올라가서 헤어지기로 했다. 장크트 미하엘
(Sankt Michael)에서 우리는 서로 다른 길로 접어들게 되어

산 위에 광활하게 펼쳐진 수많은 풀꽃들

있었다. 산 위에서 우리는 새빨간 패랭이꽃이 온통 깔려있는 한복판에 앉아 수많은 꽃을 즐기고 있었다. 석회암과 현무암이 번갈아 켜를 이루고 있는 곳에는 유달리 많은 꽃이 피어있었다. 황금빛 알프스 해바라기와 땅위를 기는 것 같은 배암무의 큼직한 꽃망울 옆에는 물레난물과 앙증스러운 미나리아재비라든가 깜찍스러운 깨풀의 하얀 별같은 꽃이 피어있었다. 이밖에도 꿀향내를 풍기는 꽃, 장미빛 큰 산송이풀과 잔디잎사귀같은 나도송이풀, 그리고 파랗고 작은 눈동자가 빛나는 것 같은 알프스 개불알풀과 사향냄새가 나는 바위치, 작은 꽃대의 오랑캐냉이가 피어 있었다. 이들 귀여운 풀꽃을 바라보는 나의 기쁨, 그리고 가슴이 시원할 정도로 확트인 동쪽과 북쪽의 전망, 신비스러운 모습으로 호에 타우어른(Hohe Tauern) 산허리를 감싸고 있는 하얀 드레스 같은 엷은 구름과 우수(憂愁)의 상념, 그리고 맑은 눈빛을 띄고 있는 이들 황금보다도 값진 젊은이들과 이윽고 헤어져야만 하는 것이다. 이러한 모든 것들이 내 가슴을 벅차게 해서 나도 모르게 대충 다음과 같은 연설을 즉석에서 했던 것이다.

친애하는 젊은 친구 여러분!

나는 햇빛을 받아 눈부시게 빛나는 이 높은 산 위에서 자유로이 대기를 숨쉬기 위해 어슴푸레한 골짜기를 떠나 여기까지 올라왔습니다. 저 눈 아래 펼쳐지는 속세에는 좁고 답답한 것만이 가득 채워져 있습니다. 이 길을 밟아서 여기까지 올라오는 동안 우리의 눈은 바뀌어갑니다. 저 아래 세상에서는 골육상쟁의 질투와 증오가 싹트고 있으며 서글픈 당파근성과 온갖 추잡함이 지배하고 있습니다. 저 장난감처럼 작은 교회를 보십시오. 저 좁은 곳에서 세상 사람들은 신을 찾고 있습니다.

우리의 신전은 사실 이 산 위에 있습니다. 화강암의 거대한 기둥 위에 우리의 신전이 영원히 솟아있는 것입니다. 우리의 신전 지붕이 되는 것은 이 높은 산 위에 둥근 천정처럼 끝없이 자유롭게 펼쳐져 있는 대기층입니다. 제단 위에서 우리를 밝게 비쳐주는 것은 밤하늘에 아로새겨진 별꽃입니다. 우리의 눈은 끝없이 멀리 뻗어나가는 것입니다. 이 세상의 것이라고는 믿어지지도 않을 이 아름다운 풍경을 보는 우리의 가슴은 한없이 부풀어 오르게 됩니다. 여러분은 저 목장 언저리에서, 그리고 또 그로스 글로크너(Gross Glockner 3,797 m)의 정상에서 눈밭을 지나는 바람이 풍금소리를 울려주는 것을 들을 수 있지 않습니까? 신의 숨결이 힘차게 밀려와 우리 영혼의 깊고 깊은 구석까지 스며들어 속세의 모든 더러움을 말끔하게 씻어줄 것입니다. 여기 자연의 온갖 시련을 꿋꿋하게 참고 견디어 나가고 있는 풀꽃을, 그리고 또 이 산의 시원하고 맑은 샘물을 우리는 결코 잊을 수 없을 것입니다. 여기서 우리가 보고 있는 모든 묏봉우리는 우리에게는 오로지 상승의지(上昇意志)의 상징입니다. 어느 산이든 모두가 이른바 충족되지 못하는 꿈이며, 그것은 언제나 우리 스스로를 초월해서 좀더 높은 곳을 향해 나아갈 것을 가르쳐주고 있습니다.

눈 덮인 그로스 글로크너

　그러나 우리의 영혼이 맞게 되는 이러한 축제일은 결코 영속되지는 않습니다. 알프스의 일요일, 높은 산 위에서 보낸 태양처럼 밝은 하루는 어느덧 지나가고 우리는 또다시 산을 내려가 저 우중충한 도시의 골짜기로, 자연에서 멀리 떨어진 들녘의 좀스러운 주민들 속으로 돌아가지 않으면 안됩니다. 그리고 그들과 다름없는 우중충한 회색의 일상적 사고방식에 사로잡혀 메마른 목소리로 그들과 대수롭지도 않은 일을 가지고 말을 주고 받아야 하는 것입니다.

　그러나 한 번이라도 높은 산의 자유로운 대기를 가슴깊이

숨쉴 수 있었던 사람은 결코 세상의 비속(卑俗)함에 빠져 들지
는 않을 것입니다. 귀청이 찢어질 것 같고 영혼이 안식할 자리
조차 찾을 수 없는 저 시장의 소란 속에 있을 때에도, 우리의
귀는 우리가 올랐던 산에서 들려오는 장엄하고 평화로운 가락을
듣고 있는 것입니다. 우리의 가슴 속에는 백금같이 순수한 샘이
솟아나오고 있습니다. 산이 이토록 우리에게 의미있고 가치있는
것임을 결코 잊지 않겠다고 우리는 이 자리에서 모두가 손을
잡고 맹세를 합시다.

　가슴이 벅차오르고 눈물이 솟아나와 나는 더이상 말을 이을
수가 없었다. 무의미한 것을 위한 무의미한 살륙으로 돌진해
들어가는 저 끔찍스러운 전쟁의 검은 그림자가 이미 바위 웅두
라지에 손 끝을 걸고 기어오고 있음을 그 때 이미 나는 예감하
고 있었던 것일까? 그 후(1914년 7월) 제1차 세계대전이 일어나
그 날 그 자리에 함께 있던 다시없는 친구 세 명의 생명을 빼앗
아 갔던 것이다.

　반더포겔의 가요집 「추프가이겐한슬(Zupfgeigenhansl)」의 즐거
운 노랫소리는 벌써 끊긴 지 오래되었다. 그러나 이윽고 다시
애조(哀調)를 띤 그리움의 노랫소리는 차츰 가락을 높여 바위를
넘고 목장을 넘어서 멀리멀리 퍼져나갔다.

단 혼자만의 산

세상에서 가장 강한 사나이란 단지 혼자서 서있는 사나이를
말하는 것이다.

― 입센〈민중(民衆)의 적(敵)〉

알프스의 험한 고원을 혼자서 돌파해 나온 사람은 온갖 찬사
와 존경을 받게 되며 여러가지 면에서 많은 보수와 보상을 얻게
된다. 그러나 그가 스스로에게 수여하는 최상급 월계관은 순전
히 스포츠적인 성과이다.

여기서 잠깐 평지라든가 또는 산악지대에서 흔히 수행되고
있는 길잡이(guide)들의 행동을 살펴보기로 하자. 단 이 경우
이른바 '주인나리'가 정신적으로나 기술적으로나 주도권을 잡고
계획을 세워서 끊임없이 지시와 통제를 하고 길잡이는 단지

그를 고용한 주인나리의 심부름꾼, 하인이고 고작해야 동료에 지나지 않는, 저 좀체로 보기 힘든 권위와 긍지를 갖춘 등반대의 경우는 일단 제외하기로 하자.

내가 길잡이의 뒤를 따라 걸어갈 때 그는 혼자서 길을 찾고 우리에게 대충 길을 가르쳐 주어야만 한다. 그가 하는 말은 긍정적인 힘을 갖고 있으며 나는 단지 충고를 할 수 있을 뿐이다. 왜냐하면 그는 그 고장에 관한 한 모든 것을 알고 있기 때문이다. 구체적으로 말하자면 그는 언제나 가장 쾌적하고 안전한 길과 최상의 목표를 지시해야만 한다. 위험한 곳에 이르면 진짜로 익숙한 길잡이는 끊임없이 나를 위해서 배려하고 충고해 주며, 손을 잡아주거나 협력을 해서 험준한 지대를 뚫고 나가게 한다. 또한 나를 밧줄(Seil)에 걸어서 무쇠 같은 손으로 확보해주거나 빙벽에 디딤턱(step)을 만들어 주며, 깎아지른 듯한 벼랑을 오르내릴 수 있도록 밧줄을 내려주거나 내가 발을 헛딛더라도 굴러 떨어지지 않게 손을 써주기도 한다. 요컨대 나는 마치 보모가 돌보는 어린이처럼 세심한 보살핌을 받으면서 산을 오르게 되는 것이다. 더구나 배낭까지도 길잡이가 대신 져주게 되면 몸은 한결 가벼워질 수 있다. 그러나 알피니스트로서는 나와 동등한 위치에 있어야 할 사람이 단지 스포츠로서 나와 동등한 정도 또는 그 이상의 역할을 맡을 뿐만 아니라,

나의 배낭까지 지게 되면 나로서는 정신적으로 부담이 되며 갑갑하게 느껴진다. 뿐만 아니라 그는 산장에서도 내가 하지 않는 온갖 일을 맡아서 한다. 그는 언제나 길과 방향에 대해서 세심한 신경을 쓰고 있지만 나는 그런 일을 하지 않으며 나의 직업에 대한 배려까지 해야만 한다. 이렇게 모든 일을 두루 맡은 사나이는 말하자면 건축설계사인 동시에 목수와 미장이를 겸하고 있는 셈이다. 이에 비해서 나는 다른 사람의 의사에 따라 움직이는 조역에 지나지 않다. 보수를 받고 하는 직업적 길잡이 뿐만 아니라 뛰어난 리더인 동료들 역시 내게서 등산의 매력 중의 한가지인 배낭을 지는 일이나 그 밖의 온갖 명예로운 의무를 가로채고 만다. 이렇게 해서 나에게서 루트발견자 루트 개척자로서의 정신적 목표와 의무가 없어지면 산행에 따르는 여러가지 요소, 즉 날씨를 비롯하여 온갖 자질구레한 일들이 모조리 몇 곱절 중대한 일처럼 느껴지게 된다. 나의 온 신경이 그런 자질구레한 일에만 쏠리게 되기 때문이다. 이렇게 되면 나의 노고에 대한 보수는 단지 정상에서 전망을 즐기는 것뿐이 되는데, 역시 그런 경우에는 가슴 뿌듯한 성취감을 맛보기보다도 씁쓸한 실망을 느끼게 된다는 것은 한 번쯤 겪어본 사람은 누구나 잘 알고 있는 사실이다.

그러나 자신이 리더가 되어 리더 역할을 맡을 동료를 떼어놓고 혼자 가게 되면 사정은 전혀 달라진다. 그런 경우 나는 일찌 감치 지고라든가 책을 들추어가며 철저하게 조사, 연구하여 주위의 산이나 내가 목표로 하는 산의 모든 것을 파악하려 한 다. 따라서 내 눈으로 직접 그 산을 보기 전에 이미 내 마음의 눈으로 그 고장의 모습을 보아, 어느덧 그 모든 풍경이 돋을새 김(relief)처럼 입체적 모습을 형성하게 되는 것이다. 그래서 멀리서 그 산을 바라보기만 할 때나 또는 그 골짜기에 들어설 때 이미 나는 목적지 풍경을 눈에 떠올리고 길을 찾기 시작하 며, 그렇게 하다가보면 별로 보잘것도 없고 따분한 고장이라도 정신적으로 이미 내것이 되고 흥미있는 것으로 바뀐다. 길이 난달로 나있는 고장으로 갔을 때는 더욱 정신을 바짝 차려야 한다. 갈림길이라든가 방향이 바뀔 때 그리고 이따금 분명히 있던 길이 없어졌을 때, 길을 잘못 들지 않기 위해서는 맨 처음 등반루트를 개척했던 사람의 판단은 어떤 것이었을까 곰곰이 생각해 보아야 한다. 거리나 고도의 차이 경사도나 개울의 폭 따위를 그때 그때 정확하게 측량하기 위해서는 평소부터 훈련을 쌓아, 보는 눈을 길러야 한다. 산비탈 색깔이 멀리서 보아도 어딘가 엷고 짙은 차이가 있다고 느껴지면 그 곳에 협곡이 있음 을 알아차리게 된다. 멀리서 나무와 풀을 뜯는 양떼들, 그리고 산장의 크기만 보고도 거기까지의 거리를 눈대중으로 가늠해

빙하의 크레바스

보고, 거기에 이르려면 얼마나 시간이 걸릴 것인가를 헤아려보아야 한다. 그런데 반갑지 않은 길안내 표지판이 곳곳에 세워져이 같은 여러가지 귀중한 정신적인 기쁨을 알피니스트로부터빼앗아가고 만다. 지나친 편리성과 친절이 알피니스트를 둔감하게 만들고 게으르게 만들어버린 것은 섭섭하기 짝이 없는 일이될 것이다.

그런데 길도 없는 곳이라든가 문화와는 거리가 먼 진짜 고지에 이르렀을 때는 종전의 정신활동이 제곱으로 강화되어야 한다. 눈으로는 그 고장의 자연환경을 날카롭게 살펴보고 가장합리적으로 알맞은 루트를 찾아내야 한다. 즉, 한편으로는 목적지에 이르는 직선방향을 가장 이상적인 루트로 눈과 감각으로포착하는 동시에, 다른 한편으로는 그 루트에서 겪게 될 온갖장애물을 주의깊게 계산에 넣지 않으면 안된다. 너덜이 얼마큼가파르고 또 그 폭은 얼마나 되는가, 빙하의 경사는 어느 정도인가, 그 끝은 얼마만큼 미끄러운가, 눈은 얼마쯤 쌓여있고 또얼마나 넓게 덮여있는가 ― 이 모든 것을 살펴보고 정확한 판단을 내려야 한다. 요컨대 앞으로 건너야 할 빙하를 하나하나세밀하게 분석해서 빙하골창의 분포, 주요한 골창의 방향과폭과 길이, 그리고 또 길게 팬 골창(Schrund)을 건너지르고있는 눈얼음다리(Snow bridge)를 건너갈 수 있을지 없을지를

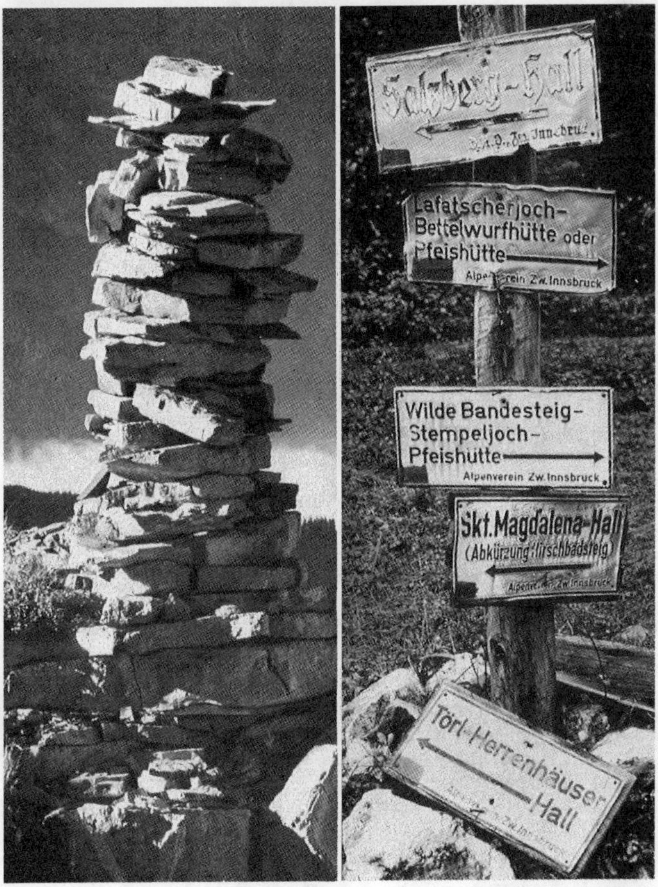
Salzberg-Hall
Lafatscherjoch-
Bettelwurfhütte oder
Pfeishütte
Wilde Bandesteig-
Stempeljoch-
Pfeishutte
Alpenverein Zw. Innsbruck
Skt. Magdalena-Hall
Törl-Herrenhäuser
Hall

길 표시(케른과 안내판)

판단하는 등 전체적으로나 세부적으로나 모든 사항에 대해 검토
하여 미리 마음 속에 전진할 루트를 정해놓아야 한다. 암벽을
타게 되는 경우는 미리 올라가보아, 어떤 사소한 점도 놓쳐서는
안되며 또한 되도록 아무런 돌발 사태도 일어나지 않도록 모든
경우를 예상하여 등반의 실패와 파멸을 예방해야 한다.

하나의 암벽, 하나의 빙하를 살펴보는 데는 대체로 2,3분 또는
2,3초로 충분한 경우가 있다. 그러나 이렇게 대충 훑어보는 것만
으로도 확실한 판단을 내릴 수 있는 예리한 눈, 신비하다고
할 정도의 날카로운 직관력 등 길잡이가 갖추어야 할 본능은
실상 끊임없는 훈련을 쌓고 경험을 거듭해서 비로소 얻을 수
있는 것이다.

언제나 전에 읽었던 모든 등반기록을 세밀하게 되새겨 검토하
고 그것을 지도 위에서나 실제 현장에서 비교검토하여 결론
내리는 것만으로는 부족하다. 산 아래에서 산을 바라보며 가능
한 루트를 육감으로 가려내고, 그것을 머리 속에 깊이 새겨놓아
야 한다. 그러나 좀더 새로운 길을 선택할 것인지에 대해서는
무어라 말할 수 없다. 새로운 길을 잡는 편이 편할 수도 있고
가까울 수도 있으며, 또 미개척의 새 루트인 만큼 스포츠적인
가치도 있을지 모른다. 그래서 이런 경우에 비로소 민첩하고
총명한 알피니스트의 진취적인 감각이 대담하게 새로운 문제제

기를 하고 검토하여, 이를 종합해서 계획을 확정짓게 되는 것이다. 그리고 문제의 지역이 나의 눈에 의심할 여지없이 명확하고 단순하게 보이는 경우라 하더라도 느닷없이 피어오르는 안개가 모든 것을 단숨에 혼란속으로 몰아넣는 수도 있으므로 그점도 충분히 고려하여, 두드러진 특징이나 틀림없는 코스를 마음에 새겨두어야 한다. 그래서 나는 깊이 팬 골창(crevasse), 옆으로 뻗어 두드러진 선반바위(band)나 특징있는 곁가리등성이(rippe), 특이한 형태의 톱니등성이, 붉으스름한 암반층, 상사목과 S자형으로 팬 골창 따위를 재빨리 수첩에 적어두거나 약도로 그려놓는다. 이렇게 모든 것을 조사, 연구한 지역은 영원한 나의 재산이 된다. 그리하여 열성적인 알피니스트들은 결코 어느 누구에게도 빼앗길 리 없는 멋진 그림을 후일을 위해 꾸준히 수집해둔다. 그렇게 하는 가운데 사물을 보는 눈은 단련되고 예민해진다. 이렇게 살펴본 산에서 나는 가능한 모든 등반길과 하산길을 구석구석 마음과 눈으로 미리 오르내린 것이 된다. 후일 내가 어쩌다 그 고장에 오더라도 그곳은 이미 오래전부터 내가 잘 알고 있던 곳처럼 되는 것이다.

그러나 머리 속으로만 등반길을 찾는 것은 단독등반이라는 정신적 작업의 반에도 미치지 못한다. 내가 목표로 삼은 산을 끝까지 연구하는 것은 실제의 산행과는 거리가 먼 편안한 서재에서 끝나는 것이 아니기 때문이다. 거칠고 사나운 자연의 모든 가혹함과의 싸움을 통해서 비로소 완성되는 것이다. 때로는 절박한 상황에 몰려서, 길을 찾아낸다는 것이 곧바로 유일한 구원을 의미하는 경우도 있다. 바위에서 바위로 뛰어 건너는 순간에 다음 행동을 취해야 하는 일도 있다. 눈밭을 가로지르면서도 여러가지 상황을 살펴서 단단한 곳과 무른 곳을 가려내고 찾아내야 할 경우도 있다. 등반기술을 구사해서 가파른 벼랑을 오른다든가 갑자기 나타난 빙벽에 디딤턱을 만들고 조심스럽게 발을 딛고 서서, 두손으로는 피켈을 힘차게 휘두르며 긴장된 발의 근육으로 평형을 유지해야 하는 경우도 있다. 이러한 행위를 귀스펠트(Paul Güssfeldt 1840~1920)가 '강력한 정신적 행위'라고 말한 것은 너무나도 당연한 말이라 하겠다.

깊이 팬 빙하의 골창 앞에서 확보자나 선등자에게 떠맡길 수는 없다. 단지 자기자신의 경험에 의지하면 되는 것이다. 자신의 세심한 주의력과 날카로운 눈썰미에만 의지하다가, 불행히 추락하게 되는 순간에 재빨리 이에 대응하여 결정적인 동작을 취할 수 있는가 없는가를 확실히 하기만 하면 되는 것이다.

내려 쌓인 눈의 표면을 잘 살펴보면 그 밑에 얼음이 두껍게 깔려 있는지 어떤지를 알 수 있다. 눈사태나 낙석(落石)이 많은 곳이라든가 그 시간대로 생각해 보아야 할 것이다. 그리고 산의

파울 귀스펠트

상태와 날씨, 시각을 보아 그 위험이 다가오고 있는지 않는지를 판단해야 한다. 이 모든 것을 그 고장 토박이 주민의 지식을 빌리지 않고도 알아차릴 수 있어야 한다. 모든 정신력을 끊임없이 집중시켜 '여기, 지금(hie et nunc)'을 명확하게 인식하고, 어떤 순간에도 자기자신의 등산체험으로 가득찬 상자의 뚜껑을 활짝 열어놓고 있어야 한다. 산에 오르고 있을 때에는 고샅길 (gorge, 촌락의 좁은 골목길, 좁은 골짜기의 사이)이라든가 차일바위 (terrace), 또는 바위옹두라지나 바위턱이 도움이 되는지 안되는지를 그 고장 사람들을 따라가서 확인해 볼 수는 없다. 바위턱이 디딜만하고 또한 단단한지는 자기 스스로 확인하고 시험해볼 수밖에 없다. 이런 일은 제대로 단련된 근육의 소유자라면 1초도 안걸려 해 낼 수 있을 것이다.

이러한 과제를 수행하는 경우 내가 지니는 확신은 밧줄에 연결되어 든든한 나무등걸이가 확보되어있는 사람이 느끼는 저 가공적(架空的) 확신과는 다르다. 나는 자생력이야말로 밧줄의 역할을 다해 주는 것이라고 믿는다. 자기가 어느 정도의 능력이 있으며 어느 정도 이상의 능력은 없는가를 명확히 인식하고 있어야 하는 것이다. 밧줄에 의해 연결되지 않은 채 자신의 능력만을 과신하고 있던 알피니스트가 만약 빙하와 벼랑 사이의 깊은 골창(Schrund)에 빠졌다든가 눈사태에 휩쓸리고 흔들바위 위에 올라섰을 때 어떤 사태가 벌어지는가를 나는 잘 알고 있다. 어떤 행동을 실행할 때 단 한순간도 그 점을 잊은 일은 없다.

'참으로 멋지군! 어쩌면 인생이란 이렇게도 멋지단 말인가? 어쩌다 실수해서 추락하게 되더라도 니너가 제대로 나를 확보해주고 밧줄로 끌어올려줄 것이 아닌가?'

만약 내가 이런 식으로 생각한다면 그런 일은 스스로에게는 말할 것도 없고 산과 자연에 대해서도 창피스러운 일이 아닐까? 사나이라면 의당 자주적, 독립적으로 행동해야 한다. 그런 사나이야말로 자기자신 뿐만 아니라 산과 자연에 대해서도 승리하는 사람이다. 지난날 — 1890년대까지 — 단독등반이라는 것은 자일 카메라트(Seilkamerad : Seilparty) 등반과 그다지 다를 바가 없는 것으로 생각되었다. 앞장서서 오르는 사람이 두번째 대원보다 10, 15, 20 m 위의 높고 위험한 위치에 있을 때, 그는 이런 생각을 하게 된다.

'밧줄이 나를 잡아주는 것은 아무래도 20, 30, 40 m쯤 떨어진 마음일 것이다. 그러니까 만약 밧줄이 끊어지지 않는다 하더라도, 나는 아마 상당한 중상을 입게 될 것이다'. 따라서 앞장서는 톱은 밧줄에 연결되어 있지 않은 경우와 마찬가지로 위험에 직면해 있으며, 그에게는 결단과 용기가 필요하다. 그러나 앞장선 톱이 하켄을 단단히 박아 확보하는 순간 즉시 산의 위험과 자기자신의 감정을 기만하게 된다. 즉 톱은 이로써 두번째 대원과 마찬가지로 추락거리가 짧아진 것이다. 요즘처럼 아이스 하켄까지 사용하게 되면 이제는 저 고귀한 빙벽의 위험마저도 기만, 탈취당하는 결과가 될 것이다. 따라서 오늘날 진정으로 기사(騎士)라는 호칭을 들을 수 있는 사람은 단독 등반자뿐이며, 그런 사람들만이 산과의 투쟁을 지난날의 훌륭하고 의젓한 방식으로 고귀하게 전개하고 있다고 말할 수 있을 것이다.

그런데 마지막에서 변덕스러운 안개의 요정이 장난을 쳐서 시야를 가로막았을 때에는 운이 나쁘다고 단념할 수밖에 없다. 그러나 새로운 등반로의 개척에 성공했고 고난과 위험을 극복하여 수많은 작은 승리를 거두었으며, 산의 웅자를, 자신의 정신력과 체력을 극복했다는 사실로 멋진 보수를 받게 된다. 즉 가혹한 시련을 견디어냈다는 성취감이 진정한 스포츠정신으로 이어질 때 스스로 자부심을 느끼게끔 되는 것이다.

하산길도 길잡이를 앞세운 등반자에게는 따분하기 짝이 없는 덤이며, 마지못해 거치게 되는 필요악처럼 생각될 것이다. 나에게는 또다시 온 정신을 긴장시켜 등반에 못지않은 노력을 기울이는 즐거운 행위가 된다. 그래서 나는 또다시 긴장과 흥분과 의욕, 그리고 탐색의 아슬아슬함을 맛보고 성공의 기쁨과 내면적인 풍요로움, 또한 새로운 지식과 기술의 습득으로 능력이 향상되는 것을 즐길 수 있게 된다.

요컨대 험준한 산과의 고독한 투쟁만큼 모든 체력과 지식, 기술, 그리고 강인한 정신력을 마지막 한 방울까지 쏟아낼 것을 요구하며 긴장과 흥분을 지속적으로 요구하는 행위는 별로 없을 것이라 하겠다. 또한 우리의 감정이 이토록 밑바탕에서부터 뒤흔들리고 우리의 의지를 테스트받는 경우도 없을 것이다. 등반은 다른 모든 스포츠나 게임을 능가하는 것 뿐만이 아니다. 이들 스포츠나 게임은 에너지의 투입수준에 있어서도 등반

자신의 정신력을 극복하는 단독등반

에 훨씬 못미치고 품위에 있어서도 뒤떨어지며, 근육이나 정신
력의 극히 일부 또는 둘 중의 하나만 사용할 뿐이다. 그러나
단독등반은 이 모든 것을 사용할 뿐 아니라, 인간적이며 강력한
힘이 높이 평가되는 시대에 있어서 지난날 기사들의 결투나
피비린내나는 수렵을 대신해 주는 역할을 한다. 더구나 단독등
반에 있어서는 정복되는 상대가 같은 인간이나 무저항의 짐승이
아니고, 원시적인 포악성과 위력을 자랑하는 거인 같은 자연이
다. 그리고 산과의 위험한 투쟁은 다른 것에 비해 훨씬 변화무
쌍하다. 산과의 고독한 투쟁은 나태한 수동적 자세나 안일과
쾌락을 물리치고 끊임없이 활발한 활동을 하는 데 기쁨을 느끼
는 사람, 그리고 본래 뛰어난 능력을 지니고 있는 사람을 고귀
하고 순수하기 이를 데 없는 생명의 영원한 샘으로 인도해 주는
것이다.

　따라서 산은 행동적인 동시에 기사의 기질을 갖춘 스포츠맨에
게 어울리는 것이다. 더구나 고독을 즐기는 사람의 영혼을 위해
서 산은 좀더 색다르고 기막힌 선물을 안겨준다. 산에서의 고독
은, 주위의 환경이 풀숲에 숨어 기다리고 있는 독사처럼 위험스
러움에도 불구하고 혼자 외톨이가 되어있다는 점에서 더욱 절실
한 것이 된다. 넷 또는 여섯 개의 눈이 아니라 오직 자신의
두 눈으로만 주위를 살펴보아야 하고, 넷 또는 그 이상이 아닌

눈보라 속의 단독등반

자신의 두 손으로만 바위 옹두라지를 잡고 몸을 끌어올려야
한다. 그리고 밧줄이라고 하는 충실하고 믿음직한 수호천사의
도움마저도 과감하게 거부하고 동료들의 성원도 사절하는 것이
다. 여기서 문제가 되는 것은 위급한 경우 즉시 구조의 손길이
미칠 수 있는 일반적인 등반루트의 단독등반이 아니라, 사람들
이 전혀 오가지 않는 외진 곳을 완전한 고립상태에서 행동할
때이다. 때로는 무어라고 말로 표현할 수도 없는 전율과 공포가
이 버림받은 사람의 목을 조일 것이다. 한치 앞도 내다볼 수
없는 짙은 안개는 그를 미칠 지경으로 혼란에 빠뜨리고 휘몰아
치는 눈보라는 그를 쓰러뜨려 파묻어버리려 할 것이다. 또한
깎아지른 벼랑은 그의 체온과 기력을 남김없이 빼앗아갈지도
모른다. 그런데 기묘하게도 모든 사람이 경고하는 이 단독등반
의 특유한 위험과 전율, 그리고 고통이야말로 진정한 강자(强
者)가 바라는 것이다. 무엇을 믿고…? 단 한가지 극복하려는
의지 외에 믿을 것은 아무 것도 없다. 모든 위험을 극복하고
자기자신의 죽음에 대한 불안마저도 극복하는 것이다. 그것도
단 한 번만이 아니라 순간 순간마다 자기자신의 마음과 대자연
에 맞서 그것을 극복하고 승리하는 것이다. 이것이야말로 기사
다운 싸움이라고 할 수 있지 않을까? 산이 모든 등반자에게
강요하는 온갖 위험과 공포를 자진해서 받아들이고 또 거기에

맞서려는 단독등반자는 고독과 고립이라는 더욱 무서운 멍에마저 자기 스스로 지고 나서는 것이다. 오, 산이여 ! 모든 영광은 그대에게 있으라 ! 다만 나에게는 꺾이지 않는 의지의 힘만을 달라 ! 산에서 느끼는 고독은 완전한 외톨이라는 사실에서 비롯된다. 끊임없이 이어지던 말과 무의미한 재잘거림 따위도 마침내 침묵해 버린다. 알프스의 품에 안길 때에는 가슴 속에 환희가 넘쳐흘러, 쓸데없는 수다를 떨거나 경망스러운 말은 하지 않게 된다. 그리하여 순수한 고독을 사랑하는 사람에게는 자연의 순수한 속삭임 이외의 잡소리는 들리지 않게 된다. 드디어는 아직 들어본 적이 없는 소리가 들린다. 고독에 익숙해진 사람의 영혼은 서서히 자연의 사물이라든가 현상이 들려주는 수많은 침묵의 소리, 말없는 말을 알아들을 수 있게 된다.

멈추지 않고 계속되는 산의 파괴와 붕괴에 따라 일어나는, 영혼을 뒤흔들어 놓는 것 같은 소리. 영웅 호걸의 슬픈 탄식의 한숨소리같이 울려오는 소리. 화강암의 나지막한 속삭임소리. 산줄기가 숨쉬는 리드미컬한 소리. 골짜기의 상사목과 고샅길, 오미와 버덩, 줄기줄기 이어지는 산등성이와 비탈에서 울려오는 정감어린 속삭임소리. 돋는 해, 지는 달빛에 빛나는 눈밭 속의 회오리봉, 비죽이 솟아나온 차일 바위, 깊이도 알 수 없는 골창이 입을 벌리고 있는 벼랑 밑에서 울려오는 소리. 이러한 것들은 때때로 귀청을 찢는 듯한 폭풍우의 울부짖음으로 바뀌고 소쿠라지고 휘돌고 쏟아져 부서지는 계곡물의 행진곡으로 바뀌기도 하며, 흩날리는 눈발의 춤추는 소리, 망령(亡靈)처럼 깔려 오는 안개의 침묵의 소리로 변하기도 한다.

그대 고독한 자여!

벼락맞아 갈갈이 찢긴 나무의 잔해(殘骸)에서 가슴뭉클한 느낌을 받지는 않는가? 그대의 눈은 수백 수천의 상형문자의 수수께끼를 언제까지 풀려는가? 끝없이 퍼져있는 알프스의 자연의 소리는 참을 수 없는 동경(憧憬)으로 그대의 마음을 이끌어 가리라.

만약 그대가 가슴 속 깊이 사색의 샘을 마련하고 우리의 마음 속 깊은 곳과 무의식의 문을 굳게 잠가놓고 있는 일곱 개의 봉인(封印)만 떼어버릴 수 있다면, 그대의 내면에 숨겨져 있던 샘은 갑자기 용솟음치기 시작하여 눈부신 햇살 아래 빛나며 흘러 넘치리라.

그 때 비로소 인간과 세계와 신과 그리고 그대 자신에 대한 조용하고도 가없이 넓은 사상이 저절로 그대 가슴 속에 찾아오리라. 또한 그대의 지금까지의 존재, 행위, 소망의 모든 것이, 그리고 우리가 너무나 소홀히 해 왔던 모든 것, 아직 태어나지 않았던 그대 자신의 사상이 그대의 마음 속에 찾아들 것이다.

　산에서 혼자가 된다는 것은 자신의 존재가치를 냉철한 눈으로 샅샅이 살펴본다는 것을 의미하며, 동시에 대자연의 무한한 힘을 찬양하는 성스러운 축전(祝典)을 베푸는 것이며, 영원한 가치를 지니는 예술작품을 그대의 가슴 속에 기쁘게 맞아들이는 것임에 틀림없으리라.

등산 스포츠

모든 것을 포괄하는 신(神)은 항상 그 완성을 단순한 단일성
속에서 구한다. 그래서 단일성을 유지하려는 우리의 소망은 실상
우리의 마음 속에서 싹트고 있는 전체 세계의 소망 바로 그것이
다.

- 타고르 1861~1941 "Sādhanā"

　1896년, 전 세계의 인류는 고대 그리스 민족이 터전을 잡았던
곳에서 2천년만에 다시 시작되는 올림픽 경기를 환희와 경탄으
로 맞이했다. 제1회 아테네 올림픽 대회는 고대 그리스의 스포
츠 축제를 되살리는 고리타분한 복고주의가 아니라, 전세계
지식인 사회의 뜨거운 열의와 관심을 집중시키면서 재현되었던
것이다. 그것은 당시의 용솟음치는 듯한 시대적인 요청에 의해
서 재생된 것이며, 결코 고대의 단순한 모방이 아니었다. 이
고대경기에서 주로 현대적인 스포츠 종목이 겨루어지는 것도

제 1 회 아테네 올림픽 축세

바로 그 때문이다. 더구나 그것은 이미 고대 그리스 시대에서와 같은 몇몇 민족들의 국민적 축제가 아니라, 영광스러운 월계관 을 차지하기 위해서 있는 힘을 다해 겨루는 20세기의 거인같은 여러 민족의 젊은이들의 대회이다. 오늘날 사소한 분쟁과 갈등이 있기는 하지만, 그들은 밀접하게 맺어진 한 거대한 가족을 이루어 유럽·아메리카 문화집단*을 형성하고 있다.

✳ 이런 말은 1914년에서 1918년을 거쳐 현재(이 글을 집필할 당시인 1929년 무렵 —역자주)에 이르는 갈등과 전란의 세대의 사람들에게는 넌센스처럼 들릴 것이다. 그러나 나는 단 한마디도 수정할 생각은 없다. 1996년에 문화를 관찰할 사람 역시 1896년의 문화를 관찰했던 사람과 똑같은 말을 할 것이라고 나는 확신하고 있다. 처참할 정도로 무의미했던 세계대전은 단지 그 수단이 대규모였고 소름끼치는 것이었을 뿐, 그 원인은 실상 30년 전쟁이 시작되었던 원인보다 훨씬 대수롭지 않은 것이었다. 아무런 역사적 필연도 없이, 참으로 어처구니없을 정도로 젊은이들이 서로 총구를 겨루고 불을 뿜었던 것이다.

그러나 이미 오늘날에 와서는 1896년의 올림픽 부활이라는 역사적 사건의 문화사적 의의를 완전히 전망할 수 있을 정도로 높은 위치에 서 있는 사람은 얼마 되지 않는 것이 아닐까? 올림픽 경기의 르네상스를 주기적(週期的) 사건이라고 보는 사람은 몰상식하다는 비웃음을 살 것이다. 그러나 고대 그리스 사람들은 다른 시대의 주기는 알지 못했으며, 그들은 올림픽 경기에 따라서 세월의 흐름을 계산하는 것 이외에는 세월의 흐름을 계산할 줄도 몰랐다. 그러면서도 고대 그리스는 우리 같은 분열된 시대의 사람들이 동경할 만한 조화를 갖추고 있었다.

그리스인에게 있어서 스포츠란 신들을 섬기는 방법의 하나였으며 국민적인 영광을 차지하는 일이었다. 그러나 오스트리아에서는 최근에 이르기까지 몇 세기 동안, 육체에 대한 배려는 모두가 천박한 일이라 하여 비난받아왔다. 정신적으로 낙후되어 있는 몇 백만의 사람들이 자신 속에 뿌리내리고 있는 중세기의 잔재를 극복, 청산하지 못한 채, '공허한 스포츠'라느니 '스포츠병'이니 '강제노역'이니 하면서 비웃었다. 그러나 영국인들만은 상당히 오래 전부터 명예스러운 예외를 이룩하고 있었다. 우리의 고루한 할아버지들도 요즘 세상의 젊은이들의 행동을 본다면 그야말로 미친 짓을 한다고 생각했을 것이다. 모처럼 얻은 여가를 어째서 목적없는 목적을 위해서 스스로를 고통으로 몰아넣는 트레이닝이나 비인간적인 노력으로 희생시키고 있는가하고 한심하게 생각했을 것이다. 단 체조만은 나폴레옹 시대와 그 이후의 시대에, 독일민족이 비참한 처지로 전락해 있던 무렵 몇몇 괴팍한 사람들에 의해서 애국적이며 자유주의 사상에 어울리는 운동이라 하여 찬양 받았다. 너구나 사상 어리석은 반동체세였던 신성동맹(1815년에 러시아·오스트리아·프로이센의 3국이 결성, 후일 대부분의 유럽국가가 가맹한 그리스도정신에 바탕한 평화와 질서유지를 목적으로 하는 체제)이 엉뚱하게도 체조를 금지, 추방시킴에 따라 체조는 순교자적인 각광마저 받으며 찬미의 대상이 되었다.

그러나 체조 아닌 다른 스포츠를 즐기려는 젊은이들은 공식적으로 설정된 군용 도로 이외의 외진 곳에서 남몰래 자신들의 즐거움을 추구할 수밖에 없었다. 실상 스포츠에서는 무언가 미래를 향해서 발돋움하려는 것 같은 분위기가 느껴지는 것이다. 그것은 단지 개구장이 짓을 하기 시작하는 어린이의 응석과 몸짓 속에서 어떤 의미를 찾아 내려는 어머니의 정감 어린 자기 기만과는 다르다. 온갖 제약과 규제가 가해지더라도 생명이 있는 풀은 끈질기게 자란다. 수천만의 씩씩한 젊은이들은 이 아무 쓸모도 없다고 하는 스포츠에 억누를 수 없는 정열을 불태워, 자기들의 현대적인 영혼의 밑바닥으로부터 하나의 문화사적 필연성에 의해서 스포츠를 즐기려 함에 틀림없다. 더구나 이러한 본능은 걷잡을 수 없을 만큼 세찬 힘으로 밀려왔기 때문에 문화계의 지도자들이 미처 알아차릴 틈도 없었고, 본시 스포츠가 왜 이 세상에 존재하게 되었는가 하는 점에 대해서 깊이 생각하고 검토한 다음 일정한 양식을 정해서 귀띔해 줄 사이조차 없었던 것이다. 우리는 필연성에 의해서 행동한다. 어째서 그렇게 하지 않으면 안되는가 하는 점에 대해서는 현명한 후세의 학자들이 열심히 연구할 것이다. 좌우간 위대하고도 동시에 최선이라 할 수 있는 것이 아무도 모르는 사이에 태어나 버린 것이다.

그런데 우리의 흥미를 끄는 19세기의 진짜 '무서운 아이들— l'enfant terrible'은 등산 스포츠였다. 그것은 진정한 스포츠인 동시에 스포츠 이상의 것이었다. 체조를 비롯한 모든 스포츠를 금지당한 보통사람들의 분노와 불만은 마치 투우장에 끌려나온 황소가 투우사의 붉은 망토를 향해서 돌진하듯이 등산 스포츠로 쏠렸다. 그래서 진정 아름다운 영혼을 지닌 젊은이들이 줄지어 존경과 감탄의 마음으로 등산에 빠져들었다. 어리석은 자들이 그토록 본능적으로 증오하는 것의 내면세계야말로 오히려 순수한 새 생명의 에너지가 숨어 있을 것이다. 실상 당국의 반대에도 불구하고 해마다 수많은 젊고 씩씩한 사나이들이 산에 오르다가 생명을 잃었다. 왜 그랬을까? 민족의 영혼 속에서 솟아나오는 힘찬 생명의 물줄기는 언제나 이에 대립되는 것과 맞부딪칠 때 더욱 세차게 물보라를 일으키는 것이다. 밤의 어둠이 그리워지는 것은 하루 온종일 무거운 짐을 지고 뜨거운 햇빛에 시달리며 고통을 받았기 때문이다. 밝은 햇빛에 축복을 느끼는 사람은 밤의 어둠 속에서 오랜 시간 추위에 떨지 않을 수 없었던 사람이다. 오랜 세월 지속된 평화가 물 밑에 쌓이는 펄흙처럼 퍼질 때, 몇몇 사람들은 전쟁의 폭풍우가 몰아쳐 주기를 바라며 찬미했던 것이다. 그러나 피비린내 나는 싸움터에서 처참한 죽음과 비극을 목격하고 체험한 사람은 평화를 위해

장자크 루소

아낌없는 찬사를 보내게 마련이다. 그래서 이 속세에 메스꺼움을 느끼는 사람은 높은 산으로 피해 가는 것이다. 그리하여 새로운 청춘은 골목길과 구석방, 여관의 구질구질하고 답답한 좁은 공간에서 벗어나 훤하게 트인 세상, 자유스러운 대기와 밝은 태양을 향해 길을 나서게 된다. 흐리멍덩함과 따분함에서 벗어나 거창하고 활달한 것을 찾아나서는 것이다.

알피니즘이야말로 진정 19세기의 맏아들이라고 할 수 있다. 알프스의 아름다움을 이미 170년 전 (1760년대)에 발견했던 루소(Jean Jacques Rousseau, 1712~1778)는, 머리에 금은박

가루를 뿌리는 귀족들과 실크 스타킹에 미친 귀부인들이 허영과
사치에 빠져있는 사회에 구역질이 나서 도시를 떠나 자연으로
돌아갔던 일이 있다. 오늘날에도 수많은 사람들이 이루 말할
수 없을 정도로 문화라는 것에 싫증을 내고 있다. 세련미를
추구하기 위한 신경과민, 복잡한 기계의 톱니바퀴처럼 물려
돌아가는 사회, 소음과 눈코뜰 사이도 없는 분주함 속에서 시달
릴대로 시달린 끝에 차츰차츰 정적과 단순함을 추구하려는 절실
한 소망을 가꾸고 있다. 우리의 날카로워진 신경을 진정시키며
재빨리 정적과 안식을 찾아 낼 수 있게 하는 곳이 저 아스라이
높은 산 이외에 어디 있는가? 그 곳에서는 우리의 주변을 원시
의 침묵이 감싼다. 때로는 그 침묵은 눈사태의 요란한 소리나
폭포수 소리, 또는 휘몰아치는 폭풍우의 울부짖는 소리에 의해
깨어질 수도 있다. 하지만 그곳에서는 민감한 우리의 눈이
만화경 속같이 도시의 얽히고 설킨 온갖 곡선이나 수천 가지가
뒤얽히고 범벅이된 지저분한 색채에 의해 더럽혀질 리는 없다.
우리의 눈은 고귀한 단일성과 조용한 위대함이 넘치는 자연의
형상을 바라보며 비로소 안식을 찾게 된다. 이러한 고독 속에서
우리는 저 신들의 신부이며 모든 위대한 것의 어머니라고 할
수 있는 '사색'의 세계를 찾게 된다. 그것은 오락과 사회적 의무
에 사로잡혀, 밤낮없이 쫓기며 끊임없이 걸려오는 전화에 시달

인공의 산장호텔

리고 있는 도시인이 이미 오래 전에 잃어버리고 만 것이다. 산 속에서는 온갖 좋은 것들이 무르익어가고 있다.

잡다한 세상의 기계설비 따위 대신에, 고작 피켈이나 자일 정도의 도움을 받아 발가벗은 것 같은 벼랑의 바위 웅두라지를 맨손으로 잡고 오른다는 것은 얼마나 상쾌한 기쁨인가? '자연이여! 나는 그대 앞에 오직 혼자서, 한 인간으로서 마주 서 있노라! 인간으로서 존재한다는 것은 진정 고생하는 보람이 있지 않겠는가?' 이렇게 고독한 순간에는 어느덧 나 자신이 들고양이라도 된 것 같은 느낌이 든다. 우리같이 길들여진 문명인 모두가 원시시대의 자유스럽고 자랑스러운 자연인으로 돌아간 것 같은 생각이 든다. 그리고 지난날의 루소보다도 더욱 예리하고 더욱 깊이있게 문명의 가치에 대해 다시 한번 의문을 제기하고 싶어진다.

그렇다! 우리는 모두가 문명병에 걸려있는 것이다. 진정한 알피니스트들이 거칠고 험한 자연인 산에 등산철도라든가 모닝코트를 입은 보이가 맞아주는 산장호텔 등에 현대과학이 들어오는 것을 반대하는 것은, 이러한 겉치레의 개발에 의해서 산이라는 자연 공간이 더욱 더 좁아지고 답답해질 것을 두려워하기 때문이다.

'알프스 니힐리스트 동맹'을 조직해서 알프스 고지의 바위에 설치된 철책과 철사를 모조리 뽑아버리고 인공적으로 만들어놓은 벼룻길(아래가 강가나 바닷가로 통한 벼랑의 길)도 모조리 폭파해서 없애버리며, 산장마저 모두 불질러 없애서 지난날의 산이 지녔던 거칠고 야성적인 순수성을 되찾겠다는 영국인의 계획은 결코 웃어넘길 일이 아닐 것이다.

인공적인 도시생활과는 전혀 다른 또하나의 즐거움을 우리는 등산에서 얻을 수 있다. 우리는 일년 내내 고지식하고 착실하게 살면서 자신이 소속해있는 계층사회의 품위와 위신이라는 무쇠 탈을 쓰고 지내지 않으면 안된다. 그러다 보면 이따금 한 2, 3주일쯤은 짧은 바지 하나만 입고 철없는 어린애로 돌아가서 장난이나 아무 쓸모 없는 일도 해 보고 싶어지게 된다. 학생 때에는 규칙을 어기는 짓을 하는 데서 말할 수 없는 재미를 느낀다. 살금살금 남의 눈을 피해 걷는 길이 금단의 길일수록 아슬아슬한 기분은 절정에 이르는 것이다.

이렇게 오늘을 살아가는 현대인에게 자연을 사랑하는 완전히 새로운 일이 생긴 것이다. 우리의 풍경화 속에는 아직까지 햇빛과 대기와 대지 그리고 강물과 호수의 매력이 모두 그려지지는 못했다. 아직도 많은 오묘한 아름다움이 그 내면 깊은 곳에 몸을 숨긴 채 인간의 눈에 드러나지 않았던 것이다. 그런데 이제 알피니스트야말로 그 아름다움, 숨겨진 자연의 매력을 마음껏 즐기는 미식가(美食家)가 되었다.그들은 온순한 가축이, 남김없이 풀을 뜯어먹고 난 곳 같은 데서 자연을 구하려 하지는 않는다. 자연이 야수처럼 황야에서 몸을 숨기고 기다리다가, 원시적인 소름끼치는 으르렁거림으로 덮쳐들 것 같은 곳에서 비로소 자연을 찾는 것이다.

평지라든가 편리하게 지어놓은 전망대에서 바라보는 산의

신비의 아라라트산

모습이 거칠고 가파른 너덜(돌이 많이 흩어져 덮인 비탈)에서 바라
본 산의 모습과 똑같다고 말하는 것은 어리석고 잘못된 말이
다. 감동적이라고 할 정도로 아름다운 경치가 펼쳐진다고 해서
발 밑도 살피지 않고 마구 가다가 보면 언제나 위험을 겪게
된다. 소름이 끼칠 정도로 위태로운 산을 아름답다고 느끼며
이를 즐기고 감상하는 것은 분노의 투쟁에 있어서 전율을 극복
한 사람의 감각에만 가능한 일이다. 리기(Rigi 1798)산의 등산
철도에서 내려 편안하게 아침의 해돋이를 구경한 사람은 곧

싫증을 내고 눈을 돌려버린다. 아름다움, 그것도 슬픔을 느낄 정도로 처절한 아름다움은, '힘찬 영혼의 간절한 소망'을 요구하는 것이다.

그러나 아슬아슬하고 무서운 것 뿐만 아니라 자연의 부드럽고 화사한 면도 산을 오르는 사람의 가슴 속에 공감의 줄(絃)을 퉁기어준다. 우리의 감각은 지난날보다도 훨씬 풍부해져 있다고 할 수 있다. 자연의 모든 형상은 우리의 마음 속 깊이 스며들어 온다. 루트를 찾아 끊임없이 눈빛을 빛내면서 자연의 온갖 풍경을 살펴보고 고산지대를 헤매면서 변덕스러운 날씨에 몸을 내맡긴 채 몇 주일 또는 몇 달씩 자연의 품속에서 지내면, 마치 오래 사귄 친구의 표정만 살펴보아도 모든 일을 알 수 있듯이 산의 표정을 읽을 수 있고 산의 기색을 알아차릴 수 있게 된다. 자연의 겉모습은 도저히 풀 수 없는 수수께끼처럼 우리의 마음 속에 이제껏 전혀 의식해본 일이 없는 새로운 소리와 신비스러운 느낌을 안겨 준다. 그리고 산문적인 존재가 차츰 엷은 빛을 뿜는 상징으로 순화되어 간다. 우리의 눈은 열구름(지나가는 구름)이 걸린 묏봉우리 정상에서부터 허무와 암흑의 심연을 향해 깎아지른 것같이 이어지는 회색의 무시무시한 낭떠러지 끝으로, 또 기슭의 푸른 들녘으로, 성냥갑 같은 집들로 이리저리 옮겨간다. 고서(古書)를 보면 악마가 파우스트박사를 아라라트(Ararat 5,165 m)산 정상으로 데리고 가서 어쩌다 못 가게 된 극락을 보여 주면서 그 극락을 멀리 떨어진 곳에서 바라다 보며 애타게 그리워한다는 이야기가 있었다. 바로 그것처럼 산 위에서는 산 밑의 조용하고 동화 세계 같은 평화가 애타게 그리울 때도 있다. 그러나 산 밑의 세상에는 평화만 있는 것이 아니라, 오히려 세금장이라든가 둔감하고 미신적이고 편협하고 처량한 정치와 기아가 있을 뿐임을 우리는 너무나 잘 알고 있다. 다만 산 위에 있을 때는 그것을 깜빡 잊고 있을 뿐이다.

멋진 분위기와 활기찬 행동이 따른다는 점에서 알피니즘은 다른 어떤 스포츠보다도 뛰어난 것이다. 그런데 노이로제에 걸린 20세기의 인간을 위해서는 또 하나의 아주 특별한 기쁨이 남아 있다. 호랑이 사냥에서도 푸른 바다를 누비는 요트경기에서도, 어떤 스포츠에서도 찾아볼 수 없는 기막히게 멋진 매력이다. 그것은 죽음의 위협이다. 우리 할아버지 시대의 침착하고 경건한 사람들이었다면 혹시 위험에서 벗어났을 때 신이 지켜주었다 하여 물론 신에게 감사했을 것이다. 그러나 오늘날의 모험적인 인간은 한 번쯤은 아슬아슬한 죽음의 위험이라는 마약을 맛보고 싶어한다. 저 스핑크스의 더없이 부드러운 앞발에도 일단 잡히기만 하면 두 번 다시는 빠져나올 수 없다. 그러나 이토록 위험한 행위가 해를 거듭할수록 두드러지게 늘어나고 있는 이유는 무엇일까? 그것은 황홀할 정도의 즐거움이 그 위험 속에서 넘쳐나오고 있다는 사실을 스스로 실감하고 싶은 사람이 늘어나고 있기 때문이다.

속모르는 사람들은 이런 면을 병적이라거나 미쳤다고 하며 비난을 퍼붓는다. 그러나 대부분 도시주민의 신경조직이 오늘날의 문화적 생활에 의해서 전원생활을 하는 사람이나 옛날의 사람들 보다 훨씬 민감해져 있고, 인간은 강력하고도 아슬아슬한 방법을 즐겨 사용하려고 한다는 사실은 그러한 비난이 설득력이 없음을 말해준다. 이런 식으로 맞서서는 쌍방이 서로 어울릴 수 있는 여지가 전혀 없다. 비난하는 사람과 비난받는 사람은 서로가 다른 말을 떠들어대고 있다. 비난하는 사람들은 도덕적인 관점에서, 뚜렷한 목적도 없이 위험을 찾아나서는 것은 쓸데없는 헛수고라고 한다. 그러나 비난을 받는 사람은 인간의 타고난 기질은 어쩔 수 없는 것이며, 어째서 현대를 살아나가는 우리가 고리타분한 지난날의 도덕에 사로잡혀서 신경을 써야 하는가라고 반박한다. 그렇지만 비난하던 사람들은 물러서지 않는다. ─ '이왕이면 그대들의 생명을 학문연구를 위해서 바치시오.'

이에 맞서 옹호론자들도 외친다.

─ '좋소! 그렇다면 우리에게도 기회를 주시오. 어디서 남극이나 북극탐험같은 학술탐험의 대원모집이 있다면 우리는 골백번이라도 지원할텐테 그런 기회가 없지 않소? 우리에게 무언가 파멸의 위기에 직면할 것같은 기획이 있으면 알려주시오. 결코 두려워하거나 망설이지 않고 우리는 기꺼이 그 위험 속으로 뛰어들어가겠소.'

산에 오르는 위험을 아무리 귀에 못이 박히도록 들려줘봐야 쇠귀에 경읽기이다. 젊은 활기가 가슴에서 넘쳐흐르며 인간과 야성적인 원시의 힘이 불꽃 튀기며 싸우는 곳에서 손이 미치지

도 않는 왕관을 차지하겠다고 대담하게 손을 뻗쳤다가 질투에
불타는 신들의 번갯불을 맞아 호되게 내동댕이쳐지는 것은,
어떤 사람들에게는 공포가 아니라 오히려 이상야릇한 유혹을
느끼게 하는 대상이 된다. 고대 그리스 신화는 이카로스의 이야
기를 통해 초인간적인 소망의 비극적 결말을 전하고 있다.

사람들은 이같은 사고방식이 퇴폐적이라고 비난한다. 그러나
온갖 달콤한 쾌락을 물리치고, 뼈를 깎는 고통을 참으며 오직
훈련에 열중하고 있는 알피니스트를 보게 되면 그런 비난은
넌센스임을 이해하게 될 것이다. 확실히 거칠고 야생적인 등산
스포츠는 모르핀이라든가 알콜, 그리고 이른바 사랑보다도 마취
제로는 훨씬 해독이 적다. 알피니스트는 건강을 위해 자신이
가야 할 길을 스스로 정하고 그 길을 걷고 있는 것이다. 우리
주위에는 인생이 지겹고 피곤하다고 하는 사람이 수없이 많이
있다. 그런데 바로 그런 사람들이 어쩌다가 한번 황홀한 위험의
단 맛을 보고 나면, 우선 그는 모든 수동적인 위험 요컨대 삶과
죽음의 감동적이고 매력적인 룰렛(roulette, 회전하는 원반 위에
공을 굴리는 노름, 그 기구)에서 끝없는 즐거움을 찾아내게
마련이다. 하지만 그는 틀림없이 더욱 멋진 쾌락을 금방 알게
되고 그 즐거움에 빠져들게 된다. 즉 자신의 체력, 경험, 침착성
과 지적 방어력, 그리고 지칠 줄 모르는 인내력과 그밖의 많은

자기의 재능을 총동원해서 그 위험을 극복하려는 것이다. 인생에 지쳐버린 사람이 진지한 마음으로 산에 오르려 할 때, 우선 그는 조용하고 아늑한 골짜기에서 고독을 즐기려고 한다. 그러나 그 다음에는 아스라이 높이 솟아 끝없이 이어지는 뭇봉우리와 산줄기의 영원함과 위대함 앞에 자신이 얼마나 보잘 것 없는 존재이며, 자신의 온갖 고뇌와 갈등이 얼마나 하찮은 것인가를 깨닫게 된다. 그 때 비로소 그는 진정으로 모험 길에 발을 들여놓게 된다. 휘몰아치는 폭풍우도 참고 견디며, 그 산 속에서 버티고 살아나겠다는 의지가 강하게 용솟음치는 것을 느끼고 스스로 놀라지 않을 수 없을 것이다. 그리하여 있는 힘을 다해 싸우고 맞서며, 자신의 새로운 체력과 정신력을 끊임없이 쏟아서 오로지 죽지 않고 살아남기 위해 안간힘을 쓴다. 스포츠·알피니즘은 정신적인 면에서 볼 때 자살과는 완전히 극과 극을 이루는 것이다. 어떤 스포츠이든, 특히 복잡한 알피니즘은 우리가 오늘날 현대 산업기술의 전문화에 따른 노동과 작업의 세분화 때문에 일하는 보람을 잃고 허탈한 심정에 사로잡히는 것을 막아주며, 자기자신을 구원하는데 큰 몫을 해 주는 신비의 영약인 셈이다.

오늘날 우리는 사회주의 사상이 가져온 온갖 해독에 오염되기만 했을 뿐 아무런 이득도 얻지 못한 것 같다. 거의 모든 산업

기계에 시달리는 현대인

체의 근로자들은 단순한 기계설비의 파수꾼이 되고 말았으며, 자유롭던 수공업자와 장인들은 강철같은 조직과 규제로 단결된 근대적인 기업에 의해서 완전히 짓밟히고 말았다. 정신적 노동에 종사하는 사람들이라 해도 실상 따지고 보면 일종의 기관차 기관사가 되고 만 셈이다. 그들은 더욱 뛰어난 아이디어를 짜내게 하기 위한 수천 가지 규정과 매뉴얼에 의해 꼼짝달싹 못하게 묶여 있으며, 절대로 뒤틀어질 까닭이 없는 레일 위를 엄격한 열차운행 시간표에 따라 달리고 있을 뿐이다. 관료라든가 교사, 회사원들도 차츰차츰 조여드는 속박에 숨이 막힐 지경이다. 이미 정해져 있는 틀을 깨거나 벗어난다는 것은 더욱 더 어려워지고 있다. 전쟁조차도 오늘날에 와서는 장기의 말을 한꺼번에 쓰는 식이 되어, 구정물을 버리듯이 인간의 생명을 대량으로 희생시키고 있다. 국가와 사회는 빈틈없는 관료제 시스템을 강화시켜 나가고 있다. 벨아미(Edward Bellamy 1850~1898, "Looking Backward"(1888)라는 서기 2000년의 미래사회를 묘사한 미래 유토피아소설 작가) 가 묘사하는 사회가 실현된다면 우리에게 있어서 노동이란 어쩔 수 없는 것이 될지도 모른다. 기계라고 하는 꿀벌의 조직사회에서 벗어나 자유를 누릴 수 있는 행운아는 몇 명 되지 않는다. 극소수의 예술가만이 자신의 영감에 따라 자유롭게 창작활동을 할 수 있을 뿐이며, 대부분은 후원자나 시장(市場)을 위해서 할당된 목표량을 달성하는 식의 제작을 하지 않을 수 없다. 그밖에 세밀한 말초적 연구에 빠져 들어가 있거나 강연약속에 얽매여 있지 않은 학자, 그리고 어떤 조직의 책임자, 정치 지도자, 국민적 지도자, 선동가 또는 대기 업의 총수들은 지구상에서 자신의 개성을 발휘할 수 있다. 예컨 대 대기업의 경영자라든가 대주주, 창의적이고 수완있는 은행 가, 재벌기업의 총수와 창업자들 말이다. 이밖에도 광대한 농장 을 소유하고 있으면서 미래를 위해 품종개량과 재배기술의 개선 에 힘쓰고 있는 농장주, 천재적인 장군, 대담하고 수완있는 외과 의사, 발명가들은 모두가 넓은 시야를 갖고 미래를 내다보고 있다. 그들은 아직 현실에 존재하지 않는 것을 전체상(全體像) 으로써 마음 속에 예견하며, 그 모습 속에 자신의 생명의 물을 부어 현실세계의 것으로 볼 수 있다.

이들 이외에 수백만 명의 사람들은 분업이라고 하는 엄격한 노예상태 속에 빠지게 된다. 그리하여 자신들이 사회적 노동이 라는 거대한 기계조직 속 한 개의 나사 또는 한 방울의 기름 이상의 존재, 이를테면 전인적(全人的) 인간이라는 사실을 잊어 버리게 된다. 우리는 스스로 선택하고 결정하여 행동할 때 솟아 나오는 진정한 자랑스러움과 기쁨을 모조리 잃게되는 것이다. 고작해야 처량한 허영심이 슬픈 앙금처럼 밑바닥에 가라앉아

남아있을 뿐이다. 활동하는 주체의 건전한 자주의식이 이처럼
부패해버리는 것이 현대가 지닌 크나큰 병폐이다.

우리는 별다른 희망도 없이 동양의 중국문화에서 무언가를
찾아보려 하고 있다. 그러나 최근 한편으로는 개성의 가치를
높이 인식, 평가하려는 경향이 강력히 대두되어 그 영원, 절대의
권리를 주장하고 있다. 인생이나 예술의 모든 분야에서 우리는
이 같은 새로운 개인주의가 싹트고 있음을 본다. 스포츠 역시
평균화, 표준화의 늪에서 벗어나려는 각 개인의 절박한 외침이
다. 따라서 그것은 본질적인 힘이기도 하며 그 힘으로써 현대
인간은 스포츠의 세계로 빠져들어가는 것이다.

이렇게 말하면 날카로운 반론도 나온다. ─'따라서 스포츠는
노동의욕을 위한 임시방편의 단순 대용물에 지나지 않다. 말하
자면 건강한 위장에는 아무런 필요가 없는 카를스바트(Karls-
bad) 온천수 같은 것이다. 이 사회가 건전한 상태만 유지해
준다면 스포츠도 알피니즘도 당장에 사라져 없어질 것이다.'

이런 말은 많은 진실을 담고 있기는 하다. 우리의 합목적적인
노동이 지극히 순수한 동기에서 출발하여 일하는 기쁨과 보람이
오래도록 지속되고, 다시 그것이 우리의 본질을 분열시키는
일없이 모든 에너지를 집중적으로 결집시켜 우리를 병들게 하기
는 커녕 오히려 건강하게만 할 수 있다면 그것은 스포츠라고

하는 목적없는 행위보다 훨씬 멋진 것이라고 할 수 있겠다. 그러나 그러한 낙원에 이르는 길은 너무나 멀다. 설령 우리가 이상적인 공동체 사회를 형성했다 하더라도 여전히 하기 싫은 일, 힘든 일, 지저분한 일들을 누군가 해야만 한다. 이러한 일을 제대로 수행하기 위한 강제노동 때문에 우리는 여전히 분업의 바탕을 버릴 수는 없는 것이다. 그러나 자유롭게 선택한 스포츠 는 앞으로도 오랜 세월동안 가장 현명한 사회형태 속에 역시 잠들고 녹슬지도 모르는 수많은 에너지를 우리에게 일깨워줄 것이다.

등산처럼 인간의 휴머니즘과 활기찬 능력을 발휘케 하는 것은 없다. 우리가 몇 천 미터나 되는 높은 산에서 어느 누구의 도움 도 없이 아슬아슬한 벼랑 끝에 달라붙어 있을 때, 갑자기 사나 운 눈보라가 휘몰아쳐서 주위가 온통 흰 눈발 속에 싸이면 아주 보잘것 없는 사람이라도 때때로 놀랍고도 영웅적인 용기를 발휘 한다. 그런 경우에는 혁명이나 위기일발의 순간에서나 볼 수 있는, 영웅적 행위를 해 내는 위대한 주인공이 나타나는 것이 다. 인디언 같은 잠재능력이 우리 자신 속에 나타나는 것을 알고 우리는 스스로 놀라지 않을 수 없게 된다. 여느 때에는 직장에서 일방적으로 부여되는 기계적인 활동 때문에 발휘되지 도 않고, 스스로도 알아차리지 못하고 있던 예민한 감각과 순발

력이 발휘되는 것이다. 평소에는 언제나 권위주의적이며 고지식
하던 관료가 느닷없이 예민한 종합능력을 과시하기도 하고,
별볼 일 없던 사무직원이 놀랍게도 진취적인 정신력을 발휘한
다. 아무짝에도 쓸모없던 학자가 죽음의 위험 속에서 갑자기
뜻밖의 침착성을 보이기도 하며 경망스럽던 세일즈맨이 강인한
의지력을 발휘하여 목표를 쟁취하는가 하면, 철딱서니없는 응석
받이 어린이가 높은 산마루에서 주린 배와 휘몰아치는 비바람을
참고 견디며 20시간이 넘게 빙하지대의 한둔(bivouac, 한데서 밤을
지냄)을 이겨내기도 한다. 따라서 산에서는 우리의 자아가 크게
확대되는 것이다. 오늘날과 같은 사회체제 속에서 진정 자신의
행복을 스스로의 힘으로 쟁취하는 일이 과연 가능하겠는가?
기껏해야 우리는 모루가 되는 것이 고작이고, 대개의 경우는
줄로 깎여나가는 쇳가루가 되어 의지도 없이 우연에 의해 내던
져질 뿐이다. 그러나 산에 오를 경우 사정은 전혀 달라진다.
산에서는 누구나 자기자신만을 믿고 의지할 수밖에 없다. 행동
적 알피니스트가 단독등반을 즐기는 것은 바로 이 때문이며
그는 자신의 운명의 지배자가 될 수 있기 때문이다. 그럴 때
등산복 아래 답답하게 짓눌려 있는 가슴은 얼마나 부풀어오를
것인가?

　학교라는 곳에서는 단지 이성(理性)을 키우는 일 이외에는

단 혼자만의 한둔(bivouac)

아무것도 할 수 없다. 팔다리든 감각이든 다른 요소는 모두가
젊은이답지 않게 녹슬고 굳어져버린다. 그러나 산에 오르면
고난과 시련이 우리의 감각을, 특히 눈을 예민하게 만들어준
다.우리는 우선 자신의 육체를 조절하는 방법을 배운다. 신경과
의지는 하나가 되어 기막힌 활약을 시작한다. 손 발은 하나하나

가 밀접한 연계활동을 벌이며 놀랍도록 서로 협력과 조화를 이루어 익숙하게 산비탈을 탄다. 그것은 마치 야생 표범에서 볼 수 있는 부드러움과 민첩함에서 오는 우아함이라 하겠다. 적절하게 제어되는 힘은 우아하며, 영혼이 생기에 넘쳐흐르는 육체는 생명의 아름다움을 과시하고 있다. 학교는 우리에게 단지 수동적으로 받아들이고 되풀이할 것만을 가르치지만, 산에서는 스스로 스케일이 큰 계획을 수립해야 하며 수없이 많은 개개의 사항을 하나의 통일된 계획으로 엮어, 크나큰 비약과 강인한 의지와 인내로써 실현해 나가는 것을 배우게 된다.

개인이 지배권을 장악하기 위해서 격투를 벌이는 곳에서는, 당연히 누가 보다 큰 성과를 올릴 수 있는가 하는 경쟁이 곧바로 벌어지게 된다. 따라서 스포츠에 의해 새로운 귀족이 태어나게 된다. 즉 그들이 이룬 업적에 따라 강력히 개성화된 귀족화(貴族化)가 이루어진다. 그러나 여기서 지배를 하는 것은 정지라든가 이완(弛緩)이 아니다. 오늘 각광을 받고 있는 영웅이 내일이면 과감하게 덤벼드는 젊은이들에 의해 영광의 자리를 내어줄 것이다. 더구나 등산에는 유달리 고귀함이 있다. 알피니스트 본래의 적은 다른 경쟁자들이 아니라 자연의 에너지라는 점이다. 바로 이런 점이 모든 경기중에서도 등산을 가장 순수한 것으로 만들어주는 것이다.

또한 알피니스트는 다음과 같은 이유에서 진정 현대사회의 주역이다. 즉 알피니스트는 산의 위험성에 대해 무조건 두려워하거나 주눅이 드는 무력함을 드러내지 않으며 — 하기야 산의 고귀한 아름다움에 대해서 경건한 심정을 느끼기는 하지만 — 자연의 거친 폭력은 반드시 정복할 수 있다고 굳게 믿고 있다. 자연은 야만적으로 잔인하게 설치기도 하지만 얼마 못가 자신의 정체를 모조리 드러내는 반면에, 인간은 그 뛰어난 지능으로 끊임없이 새로운 방법을 생각해 내고 더욱 더 능숙하고 교묘해져 — 일시적이기는 하지만 — 무한한 능력을 발휘할 수도 있는 것이다. 모든 등산기록은 인간능력의 한계를 끝없이 넓혀, 불가능의 영역 깊숙이 침투해 들어가고 있는 것이다.

등산은 또한 그 다양성면에서 다른 스포츠를 능가한다. 개인의 소망과 충동을 위해 가장 넓은 활동영역을 마련해 준다. 알피니스트의 유형이나 등산의 종류는 수백 가지나 되는데 체조 따위와는 비교도 할 수 없을 정도로 어려운 등반에서는 온몸의 모든 근육에 최고로 격렬한 동작을 요구한다. 곧추선 벼랑틈새기(Chimney)나 눈과 얼음에 뒤덮인 가파른 산비탈을 오르기 위해서는 얼마나 많은 훈련이 필요한가? 더구나 그 상황에서도 항상 평형을 유지하고 있어야 하는 것이다.

알피니스트와 마찬가지로 자전거라든가 보트경기를 하는 사람에게도 강인한 의지와 인내심이 필요하지만, 그들은 그만두고 싶을 때는 언제건 그만둘 수 있다. 그러나 길을 잘못 든 알피니스트는 살아남기 위해서 36시간 또는 그 이상의 긴 시간을 구조의 손이 미칠 때까지 버티어나가야 한다. 실상 등산 이상으로 우리의 육체를 단련시켜주는 스포츠는 별로 없다. 단지 스키만은 예외이지만… 사실 스키는 등산의 일종이라고도 할 수 있다. 우리는 끊임없는 철저한 훈련을 통해 자칫 게을러지기 쉬운 정신력을 더욱 강화하고, 우리의 육체로부터 안일과 쾌락에 젖어들려고 하는 버릇을 쫓아내야만 한다. 우리가 슬픔과 두려움에 잠겨 있든, 피로에 지쳐 맥이 빠져 있든 산이라는 대자연에는 변함이 없다. 안일과 나태에 흔히 빠지기 쉬운 버릇은 단호하게 물리쳐야 한다. 그렇게 해서 우리는 자기 자신의 허약함과 욕심과 악습(惡習)을 억제하는 방법을 배우는 것이다.

등산을 통해서 인간의 정신력은 새롭게 일깨워지고 최고조로 강화되고 향상된다. 도시민의 일상 생활에서는 결코 그런 기회가 마련되지 않는다. 이를테면 달려오는 황소의 두뿔을 잡는 것 같은 대담성, 계속해서 나타나는 온갖 장애와 난관을 차례로 뚫고나가는 끈질긴 의지, 죽음조차도 두려워하지 않는 용기, 몸서리치는 위험 앞에서도 당황하지 않고 침착하게 대응할 수 있는 차분함, 모든 것이 부족한 상황과 육체의 고통까지도 이겨

내는 인내심, 충실한 동료로서 위험을 무릅쓰고 고난에 처한 사람을 구하려는 의협심, 그리고 마지막으로—이것은 아무나 할 수 있는 일은 아니지만—필요한 경우에 냉정하게 자기 스스로를 억제하고 조절하는 것, 이런 모두가 등산을 통해서 가꾸어 지고 강화되는 정신력이다. 우리의 일상적인 욕망과 행위는 너저분하게 분열되어 있지만, 산에 오를 때는 모든 내적, 외적인 에너지를 오직 원대하고 높은 목표를 향해 하나로 결집시키게 된다.

등산은 우리 인간의 지적 욕구도 만족시켜준다. 특히 단독등 반의 경우는 더욱 성과가 크다. 길도 없는 산악지대에서 길을 찾아 전진하는 것은 우리의 두뇌를 끝없이 긴장시켜주는 일이 아닌가. 더구나 갑자기 짙은 안개라도 끼기 시작하면 우리는 거의 본능적으로 산의 구조를 파악하여 대응하는 방법을 생각하 게 된다. 이제까지 수없이 되풀이되었던 안개 속의 등산에서도 온갖 어려움을 헤치고 새로운 루트가 발견된 것만 보아도 분명 히 알 수 있다. 공격계획은 예민한 감각에 의해 수립되어야 한다. 불리한 상황, 유리한 조건 등 모든 요소가 정확하게 고려 되어 가장 적절한 시간계획이 확립되고 정곡을 바로 찌르는 것이어야 한다. 그런데 이 모든 일은 우리가 산의 특성과 모든 등산기술을 철저히 익히고, 동시에 순간 순간마다 그 지식과 기술을 적절하게 활용하는 것을 전제로 한다.

이렇게 하기 위해서 등산 스포츠맨은 자연을 과학적으로 인식할 필요가 있다. 사암(砂岩)으로 이루어진 산과 화강암 암벽은 그 등반방법이 서로 달라질 수밖에 없으며, 석회암 암벽은 현무암과는 전혀 다른 위험이 따르기 마련이고 백운암(白雲岩)은 석회암보다도 훨씬 더 위험한 것이다. 또한 계절과 하루의 시간대에 따라서도 산의 위험도를 비롯한 여러가지 상태가 달라지게 된다. 자연의 활동, 즉 빗물에 의한 침식, 얼음에 의한 바위의 파괴, 쌓인 눈의 압력과 그 눈이 얼어붙을 때 지표에 미치는 영향, 눈사태가 일어나는 원인, 빙하의 골창(크레바스 : crevasse)이 생기는 원인, 산악지대 기상변화의 특성, 그밖에도 많은 것이 알피니스트에게 있어서는 그야말로 삶과 죽음을 가르는 중대한 문제가 된다. 그리고 이렇게 바람직한 자연연구에 한 걸음 한 걸음 접근하게 됨에 따라 알피니스트는 이 모든 지식을 실제 등반에서 폭넓게 활용하게 된다. 또한 자연이 펼쳐주는 풍경을 볼 때의 아름다운 인상이나 벅찬 감정에 대해서는 이미 앞에서 말한 바 있다.

이처럼 등산은 우리의 인간적인 폭을 넓혀주고 그 깊이를 더하게 해 준다. 등산은 또한 우리를 야만적인 일면성(一面性)에서 벗어나 저 그리스인들이 추구하던 조화와 균형의 이상을 지향하게 해 준다.

지난 2천년 동안 육체는 천하고 추악한 것으로 공공연하게 경시되어 왔다. 뿐만 아니라 정신과 육체는 종교적으로 분리되어 있다는 좋지 않은 원칙을 가지고 있었다. 그러나 우리는 현대에 이르러 비로소 우리 자신의 육체를 정당하게 평가할 수 있게 되었고 현실의 기쁨도 맛볼 수 있게 되었다. 우리는 또 다시 저 순수했던 그리스인들과 마찬가지로 육체의 아름다움과 에너지가 용솟음치는 행위를 누구 앞에서도 거리낌없이 즐길 수 있게 된 것이다.

등산을 위한 수양

모든 돌에서 행운을 쪼아내라. 그것은 어느 길 위에나 굴러다니
고 있다. 그러나 단지 의지 하나 만은 강철같이 굳어야 하리라.
　　　　　　　　　　　　　　　　　스테판 헤롤드

　이따금 알피니스트들의 조난사건이 보도되기만 하면 스포츠와
는 아무런 관련도 없는 문외한들이, 동정어린 관심을 보이기는
커녕 오히려 분노와 비난의 소리를 퍼붓는다. 그리고 별별 똑똑
하다는 식자(識者)들이 어떻게 하면 이런 사고를 예방할 수
있는가 하고 골머리를 앓는다. 「무작정 겁없이 등산하는 것을
방지하기 위한 흥미있는 방법」몇 가지가 어느 일간지에 제안된
적이 있었다. 그 중 하나는 각 신문사의 편집국에서 사전에
알피니스트의 출생증명서를 조사해서 그가 성인인지 아닌지를

확인해야 한다는 것이다. 이런 제안은 어떤 노신사의 선의에서 나온 모양인데, 그럼으로써 18세의 젊은이가 어떤 산을 초등(初登)했다고 해도 그것은 공식적 등반기록으로 인정되지 않는다는 것이다. 또 어떤 제안은 만병통치약 같은 경찰의 힘을 빌려야 한다고 하였고 등산금지 캠페인을 벌이자는 제안도 있었다.

그러나 선의에 넘쳐있는 사람들이여! 그런 식으로 해서는 이러한 중대문제는 결코 해결되지 못할 것이다. 당신들은 완전히 빗나간 관점에서 등산행위를 판단하고 있다. 마치 타고난 귀머거리가 교향악을 평가하고 사랑에 대해서 말하는 것이나 다름없다. 알피니즘을 일시적인 어리석은 유행이라고 헛소리를 늘어놓고 있는 사람은 이 강력한 산악 문화현상에 대해서 아무것도 이해하지 못하고 있으면서, 민족혼의 심층(深層)에서 솟아나와 밝은 햇빛을 받고 성장하는 이 새로운 활동을 공연히 마땅치 않게 생각하고 있다.

알피니스트들을 수정같은 얼음에 뒤덮여 눈부시게 빛나는 산등성이나 눈에 묻힌 바위너덜로 몰고가는 것은 현재 여러 가지 스포츠를 통하여 폭발하려 하고 있는 저 엄청나게 축적된 에너지의 극히 일부분에 지나지 않는다. 이렇게도 고통스러운 행위가 어째서 그토록 많은 사람들을 끌어모으고 있는 것일까?

어째서 수백 수천의 젊은이들이 그렇지 않아도 짧은 여가를 맥주홀이나 커피숍에서 편하게 지내려 하지 않고, 항상 새롭게 머리를 짜내고 조사를 해서 확정시킨 계획에 따라 그 힘든 육체적 활동을 하려고 드는가? 또한 이러한 현상이 대체로 정신노동을 하는 사람들에게 많이 나타나는 것은 어떻게 된 까닭인가? 그들은 주로 책상에 앉아서 일만 하거나 실내에 머물러 있으면 건강을 해친다는 사실을 알아차리고 있는 것이다. 그래서 압박받은 본성이 자연의 힘으로 다시 일어서서 어떻게 해서든지 본래의 권리, 본래의 위치를 되찾으려 하는 것이다. 그들은 결코 단순한 직업의 노예가 아니라 완전한 사람이기를 바라고 있다. 단조로운 직업 생활에 의해 완전히 질식당해 있던 에너지가 무의식 중에 태양을 향해 솟구치려고 몸부림치기 시작한 것이다. 즉 그 에너지란 모든 근육에너지이며, 용기이고 정력적인 행동인 동시에 힘찬 투쟁정신이자 자유를 향한 무한한 충동인 것이다.

현대인이 추구하는 쾌락이란 지난날의 세대가 추구하던 쾌락과는 전혀 다른 에너지가 넘쳐흐르는 것이다. 그래서 우리의 할아버지나 아버지 세대 사람들은 머리를 설레설레 흔들며 자기네들로서는 도저히 감당할 수 없다고 할 것이다. 왜냐하면 이들 현대의 젊은이들에게는 완전히 새로운 스타일의 생활과 체험이

창조되고 있기 때문이다. 이와같은 육체적 행동에 대한 예찬은
국민적 스포츠 활동이 이루어지던 고대 그리스 시대 이래로는
세상에 나타나지 않았다. 기독교정신이 지배해온 2천년 동안
스포츠 정신은 완전히 억압당하고 있었던 것이다.

이 싱싱한 욕망의 본질적이며 불가피한 측면을 이해하기 위해
서는 우선 자기자신이 그것에 사로잡히고 뛰어드는 길밖에 없
다. 산에 오르겠다는 알피니스트의 정열은 다른 욕망과는 전혀
딴판이기 때문이다. 그래서 우리의 뜨거운 마음은 거칠고 아름
다운 자연과 대담하고 정력적인 활동이라는 두 가지를 향해
동시에 손을 뻗치게 된다. 어떤 스포츠에서 그리고 또 어떤
인간활동에 있어서 정신과 육체가 이토록 오묘한 조화와 통일을
이룰 수 있단 말인가? 가없이 넓게 펼쳐진 설원(雪原)에서 새벽
하늘이 붉게 물들어가는 것을 두 눈으로 분명히 보지 못한 사
람, 눈사태가 몰아쳐오는 엄청난 소리나 산등성이를 휘몰아치는
폭풍우의 울부짖는 소리 그리고 골짜기를 흐르는 맑고 시원한
물이 바위를 휘돌아 흘러내리는 소리를 죽음처럼 조용하고 깊은
산 속에서 들어본 일이 없는 사람, 티없이 맑게 개어 햇살이
눈부시게 비치는 한낮 무렵, 높은 산위에 올라 하늘 끝까지
멀리 펼쳐지는 주위의 경관을 마음껏 바라본 일이 없는 사람,
저 높은 묏봉우리의 성스러운 위대함이라든가 고귀할 정도의

위험에 도전하는 침니등반

단순함 그리고 깊은 골짜기 높은 산의 정적에 몸을 내맡겨 문명에 지치고 오염된 마음을 말끔히 씻어본 일이 없는 사람, 또한 다양하기 이를 데없고 견줄 것 없이 뛰어난 자연의 에너지에 용감하게 맞서서 자신의 정신력으로 이를 극복한 일이 없는 사람, 눈보라가 휘몰아치는 가운데 가파른 벼랑에 달라붙어 변덕스러운 날씨를 저주하고 증오하면서 생명에 대한 집착과 욕망을 불태워 끝까지 살아남았던 일이 없는 사람, 이러한 모든 사람들은 우리가 몹시 증오하고 두려워하며 존경하면서도 또한 한없이 친근하게 느끼고 매혹당하는 저 악마적인 유혹과 애착의 사슬의 끊을 수 없는 마력을 결코 느낄 수 없을 것이다.

위험성 역시 우리를 유혹하는 요소의 하나이다. 우리는 위험을 숨기거나 무시하지 않는다. 그것은 틀림없는 사실이다. 이 위험이 따른다는 사실이야말로 잠들어있던 체력과 정신력을 일깨워서 방어에 나서게 하며, 우리가 사나이 대장부라는 사실을 스스로 깨닫게 해 준다. 변칙적으로 발전하여 분열을 일으키고 수많은 현대인이 또다시 조화를 되찾으려면 이러한 자연의 위력과 맞싸워 그것을 극복해야만 하지 않겠는가? 만약 스포츠가 수천 명의 사람들에게 생존을 위한 활력을 불어넣어주고 무한한 기쁨을 주며, 그 육체를 건전하게 하고 정신력을 강화시켜주는 것이라면 스포츠에 따르는 하나하나의 고통 역시 마찬가지로 의의있는 일이 아닐까?

약자는 자기보다 강하다고 느껴지는 모든 것을 본능적으로 기피하고 혐오한다. 이를테면 위험과 맞서서 싸우는 즐거움도 거부하려 드는 것이다. 가축의 예를 보더라도 거세되지 않은 수컷은 용감하게 싸우지만 거세된 것은 일체의 싸움을 피하려고 한다. 사람 역시 마찬가지이다. 거세된 것이나 다름없는 약한 사나이는 투쟁을 겁내고 대결을 두려워하며 위험을 피하려고만 한다. 모든 강한 것, 거친 것, 야성적인 것, 신선한 것, 엄격한 것 요컨대 본질적이고 원초적인 모든 것을 그들은 진심으로 증오하고 두려워하고 기피한다. 그리하여 그들은 이런 것들을 중상하고 비방하며 억지로 무시하려고 든다. 그 용기있는 사나이들이란 쓸데없이 큰 소리만 치는 족속이며 동료라든가 후세 사람들의 평가를 받으려고 애쓰는 허황된 명예욕의 노예라고 비난한다. 그러나 노르다우(Max Simon Nordau, 1849~1923)가 바로 지적하고 있듯이, 후세란 바로 미래의 어리석은 자를 말하는 것이다.

자연으로 돌아가려는 운동을 인력으로 가로막으려 하거나 억지로 촉진시키려 해서는 안된다. 스포츠나 등산에 대해서 훈계를 하는 것은 황야에서 혼자 설교하는 것과 마찬가지로 아무 필요도 없고 성과도 없는 일이다. 이와 마찬가지로 아무리 선전, 광고를 열심히 한다고 해도 젊은이들의 마음을 사로잡을 수 있는 것은 아니다. 우리는 육체적 고통과 위험을 자진해서 바라고 있는 것이다. 두말할 나위도 없이 우리는 그것을 바래야만 한다. 인류문화의 발전과정에 있어서 크나큰 역할을 맡게 되는 개인의 에너지라는 것은 언제나 이러한 위험에 대한 도전, 육체적 고통과 고난의 극복을 통해서만 강화되는데 그밖에는 달리 방법이 없기 때문이다. 그렇다고 우리가 위험에 휘말려 희생되겠다는 것은 아니다. 위험의 희생이 된다는 것이 우리의 눈에는 명예로운 일로 비칠 수도 있다는 것은 사실이다. 그러나 우리같은 알피니스트들은 산에서 조난을 당하여 생명을 잃은 사람에게 준엄한 판결을 내릴 각오가 되어 있다. 실상 우리는 위험을 찾아 나선다. 하지만 그것은 오직 위험을 극복하기 위해서이다.

산의 위험과 맞싸우는 전쟁에도 총과 포탄을 사용하는 실제 전쟁의 경우와 마찬가지로 전략이론이 있다. 즉 등산은 습득이 가능한 기술이란 말이다. 일단 산의 사정을 꿰뚫어 알고나면 누구나 저 기막힌 정복의 기쁨과 성취의 희열을 맛보게 된다. 일단 이러한 기쁨을 맛보고 난 사람은 계속해서 그 기쁨을 누리려고 한다. 대부분의 조난사고는 조난자가 자신의 계획에 알맞는 충분한 준비를 갖추지 않았거나 산을 잘 알지 못했다는데 그 원인이 있다. 자신의 계획을 종전의 경험에 비추어 검토해 보고 자신의 능력평가를 하지 않았다는 점에 원인이 있는 것이다. 능력있는 알피니스트도 가끔 조난을 당하는 일이 있는데, 그것은 대개 미숙한 사람과 함께 행동하다가 휩쓸려 들어가는 경우가 많다. 따라서 산악문학가는 등산기술의 비결을 널리 알려야 할 필요가 있으므로 여기서 등산방법을 개략적으로 소개하려 한다. 이 원칙만 잘 지키는 열의가 있는 젊은이라면 2, 3년 이내에 능숙하게 산을 오를 수 있을 것이며 상당한 업적도 남길 수 있을 것이다. 산에 오르려면 누구나 등산기술의 기본을 익혀야 한다. 산의 길잡이를 하는 사람은 더욱 그렇다. 그러나 진정으로 생명에 관련된 중대문제로서 꼭 필요한 사람은 단독등반을 하는 사람이다.

산악지대의 주민이 도시주민에 비해서 산에 대해 더 잘 알고, 등산기술 역시 훨씬 뛰어나다는 말은 아무런 근거도 없는 것이다. 인간의 체력이라는 것은 무서운 자연의 폭력과 마찬가지로 본질적인 것은 아니다. 따라서 헤라클레스와 난쟁이와의 차이는 산에서는 거의 문제가 되지 않는다. 지식과 강철같은 의지가 하나로 합쳐졌을 때 비로소 산을 등정할 수 있는 것이다. 아메리카 대륙이나 남극·북극을 발견한 사람, 또는 구름 위를 날아서 비행하거나 광산에 터널을 뚫고 들어가는 사람들은 모두가 현명할 뿐만 아니라 진취적 기상이 풍부한 사람들이다.

정상적인 육체와 신선한 감각, 그리고 튼튼한 심장을 지닌 사람이라면 누구라도 웬만큼 곤란한 등산은 해낼 수 있다. 특별한 소질 따위는 필요없다. 물론 헤라클레스같은 체력이 있다면 더욱 좋겠지만 절대적으로 필요한 것은 아니다. 철저한 훈련을 통해서 자신의 체중과 같은 정도의 무게를 들어올릴 수 있는 체력만 있으면 충분하다. 또한 매처럼 뛰어난 시력이 필요한 것도 아니다. 안경만 있으면 시력이 약한 것을 보완할 수 있기 때문이다. 영웅적인 용기도 필요한 것이 아니다. 기술만 확실히 익혀두면 용기는 저절로 따르기 마련인 것이다. 대개의 알피니 · 스트는 성공할 수 있다는 확신을 가지고 등산을 한다. 이른바 침착성이라는 것은 신경의 반사작용에서 비롯되는 것인데, 이것은 다양한 훈련을 통해서 얻을 수 있다. 안내 표지판이 없는 곳에서 길을 찾아내려면 우선 지도나 문헌을 자세히 조사하여, 덜 위험한 지역에서 평소에 철저한 훈련을 쌓아야 한다. 그렇게 하면 어떤 고장에서든 길을 찾아낼 수 있게 된다. 타고난 '방향 감각' 따위는 필요없다. 가장 쉬운 암벽에서 철저한 훈련을 거듭하여 등반기술을 익히면 마침내 그 요령을 터득하게 되어 기술 수준이 크게 향상된다. 또한 목표를 확실하게 정해서 육체를 여러가지 방법으로 단련해 나가면 추위나 굶주림도 어느 정도

암벽등반 훈련

참을 수 있고 고통도 덜 느끼며, 과감한 공격을 하는 경우에도 숨이 몹시 가빠지는 일이 적어지며 쉽게 지치지도 않게 된다. 그런데 처음부터 확실하게 갖추고 있어야 할 것이 꼭 한가지 있다. 그것은 좀체로 누리기 어려운 알프스 등정의 기쁨을 맛보게 해 주는 열쇠, 즉 단호한 의지이다.

우리는 실제와 이론의 두가지 영역—즉 훈련과 문헌조사의 두 가지를 동시에 철저히 되풀이할 필요가 있다. 어떤 스포츠나 마찬가지이지만 확실한 기초를 닦는 데 필수적인 것은 훈련이다. 훈련을 게을리 한다면 아무리 천부적 재능을 타고났다 해도 아무 소용이 없으며 위험을 막을 수도 없다. 많은 조난사고에서 분명히 드러나는 것은 훈련의 방법이 폭넓지 못했고 그 강도도 충분하지 못했다는 사실이다. 따라서 초보자는 누구나 등산기술을—말뜻 그대로—철저히 익힐 필요가 있다.

이처럼 목적에 맞는 훈련계획 수립방법을 살펴보기로 하자.

우선 몸의 컨디션을 조절하고 평지나 구릉지대의 트레킹을 통해서 폐와 다리를 강화시키지 않으면 안된다. 이 경우 때로는 능력의 한계 끝까지 시도해 볼 필요가 있다. 왜냐하면 얼마만큼 자신자신을 신뢰할 수 있는가를 가장 정확하게 알고 있기 위해서는 훈련의 모든 단계에서 자신의 능력의 모든 영역과 그때그때의 한계를 알아야 한다는 것이 알피니스트에게 가장 중요한

트레킹

원칙이기 때문이다.

트레킹은 땀이 비오듯 흐르는 한여름이나 엄동설한의 겨울에도 과감하게 강행해야 한다. 또 그것은 폭풍우가 휘몰아치거나 폭우가 쏟아질 때 진눈깨비가 내리거나 눈보라가 휘몰아칠 때도 마찬가지이다. 때로는 장시간의 야간행군을 강행하여 졸음을 극복하고 몇 시간씩 배고프고 목마른 것을 참고 견디는 훈련도 쌓아야 한다. 또 어떤 경우에는 아주 형편없는 음식만 먹으면서도 온갖 고난을 참고 견디는 힘을 길러야 할 것이다. 훈련과정의 이러한 작은 고통을 회피하려는 사람은 산에서 크나큰 기쁨을 누릴 자격이 없다. 그러나 준비가 불충분한 채로 상당히 높은 산에 오르려 하다가는 산악지대에서 조난당하기 십상이며 산을 즐길 수도 없게 된다. 여러가지의 조난원인은 예측 못했던 사태가 훈련이 부족한 사람에게 능력이상의 고통을 강요하는 데서 온다. 지난날 보르헤르트가 마터호른에서 동사했을 때, 그의 동료들은 평소의 훈련 덕분으로 폭풍우가 휘몰아치는 밤을 한둔(bivouac)을 하면서도 견디어냈던 것이다. 나는 산악기상의 이변으로 말미암아 방향을 못 잡고 하루하고도 20시간 동안 계속해서 헤맸던 경험도 있고 또 어떤 때는 이렇다 할 휴식도 취하지 못하고 24시간 계속해서 처절한 고투를 겪은 적도 있었다. 그 때 만약 내 몸이 말을 듣지 않았더라면 아마도 나는 큰 위험에 빠졌을 것이다.

이런 훈련과 함께 암벽등반 연습도 시작하는 것이 좋다. 적당한 연습장은 어디든지 있다. 암벽등반에 필요한 중요한 기술은 모두 익혀두어야 한다. 어떤 경우든 발을 잘 디디거나 손을 뻗쳐 무엇이든 단단히 붙잡아 체중과 몸의 중심을 안정시킨다. 아주 자그마한 바위 옹두라지를 발판삼아 몸을 곧추 세우고 될수록 바위에서 몸을 떼어 손으로는 확실하게 손잡이감(hold)을 잡으면서 몸을 끌어올려야 한다. 하강(下降)할 때에도 손발을 민첩하게 움직여서, 더듬어 확인해가면서 신중하게 움직여야 하며 절대로 발을 털벅털벅 조심성없이 디뎌서는 안된다.

벼랑을 가로질러 갈 때(traverse)도 어떤 경우에는 정면을 바로 보고 가야 하며 또 어떤 경우에는 벼랑을 안고 거미처럼 두 손으로 벼랑턱을 잡고 디디면서 게처럼 옆걸음질치거나 발을 바꾸어 디디기도 해야 한다. 가파른 벼랑을 기어오르고 다시 기어내려가고 또 옆으로 게걸음처럼 옮겨가기도 한다. 차일처럼 머리 위로 휘어솟은 벼랑은 옆으로 돌아서 가거나 밑에 바짝 붙어서 두 손으로 턱을 잡고 철봉을 하듯 몸을 젖혀서 위로 올라간다. 가장 어려운 것은 발 끝으로 디딤턱을 찾아가면서 암벽을 내려갈 경우이다. 또한 좁은 발판 위로 건너뛰는 동작 등 훈련해야 할 것은 얼마든지 있다. 이리하여 눈은 차츰차츰 쓸모가 있을 만한 디딤턱을 재빨리 찾아내고 그것을 곧바로 하나의 사다리처럼 연결해서 사용하는 일에 익숙해진다. 또한 중심이 안정되어 있지않은 바위를 재빨리 파악하는 방법도 터득하여, 슬쩍 발로 눌러 보아 그 안정도를 시험해 보는 능력도 기른다. 이렇게 하여 차츰 가능한 것과 불가능한 것을 확실히 분간해 내는 재능을 기르고, 위험에 직면했을 때 대처하는 방법도 터득하게 된다. 필요한 기술을 모두 익히기까지는, 분명히 위험한 곳에서는 밧줄로 확보하게 해야만 한다. 그러나 내가 초보자에게 말해두고 싶은 것은 밧줄에 지나치게 의존하는 버릇을 길러서는 안된다는 사실이다. 웬만하면 위험한 곳은 언제나 비켜가는 요령을 익히고, 확실한 기술을 익힌 다음에 비로소 시도해야 한다. 밧줄에 매달려 등반하는 것은 실상 수치스러운 일이며, 나중에는 '사실 그것은 밧줄로 확보되어 있었을 뿐 혼자서도 올라갈 수 있었다.' 라는 식의 위험한 자기 기만으로 이어질 가능성이 있다. 자기 능력에 대한 과신이야말로 조난사고의 원인 중 가상 큰 것이다. 브릴과 파일슈타인 같은 백운석의 암벽이 있는 빈의 알피니스트들이나 작센 · 스위스(Saxen Swiss)라는 이름의 엘베(Elbe)강 협곡의 사암(砂岩) 낭떠러지로 유명한 드레스덴(Dresden)의 알피니스트들처럼 자기들이 사는 고장 가까이에 멋진 알프스 킨더가르텐(Alps Kindergarten), 즉 알프스 등반연습장을 갖고 있지 않는 사람들은 높은 산악지대로 찾아가서 느닷없이 등반연습을 해야 한다. 이런 훈련을 마치려면 상당한 시일이 필요한데, 그런 사람들은 흐린 날이라든가 알프스 야영지의 휴일을 최대한 이용해서라도 이 같은 암벽등반 훈련을 철저히 해야만 한다.

이러한 훈련이 어느 정도 진전이 된 후에야 알프스 등반을 원하는 초보자들은 이미 습득한 기술에 따른 등반계획을 세워야 한다. 그런데 다리와 폐를 지속적인 활동에 익숙케 하기 위해서는 우선 낮은 산부터 등반하고, 그 다음에 얼음이 없는 중간 높이의 산 중에서도 지나치게 험준하지 않은 등산로를 선택한다. 등반은 일정한 속도를 유지하되 너무 느리지 않게 그리고 꾸준하게 전진한다. 휴식은 되도록 짧게 그리고 그 간격은 최대로 길게 잡는다. 내려올 때는 이따금 목장의 편한 길이라든가 평지를 지나게 되는데, 그럴 때는 걸음을 빨리해서 심장도 단련시키고 발놀림도 빠르게하는 훈련을 거듭해야 한다. 언제나 등반로와 하산길은 다른 코스를 잡아서 정신적인 긴장이 풀어지지 않게 해야만 한다. 진정한 알피니스트는 긴장 속에서 살기를 원하며 모든 훈련 역시 이를 목표로 삼아야 한다. 이렇게 훈련을 거듭해서 서서히 종주등반할 수 있는 능력을 길러나가는 것이다. 즉 몇 개의 가까운 산을 단번에 모두 주파함으로써 지속력을 향상시키는 것이다.

겨울에는 이처럼 비교적 쉬운 산을 올라야 한다. 그렇게 하다가 보면 눈에도 참으로 여러가지 종류가 있음을 알고 놀라게 되며, 그런 눈길을 가는 경우 어떤 것이 최선의 방법인지를 터득하게 된다. 겨울산의 눈길을 몇 시간씩 가는 것은 장차 빙하를 가로지를 경우에 대비한 훈련이 된다. 등반, 하강, 또는 횡단할 경우의 사용방법이 몸에 익혀지게 되는 것도 이 때이다. 피켈의 사용방법을 본능적으로 터득한다는 것은 알피니스트로서는 아주 중요한 일이다. 피켈은 말하자면 손의 일부분처럼 되지 않으면 안된다. 또한 엉덩이를 깔고 주저앉아 미끄러져 내려오는 요령을 몸에 익히는 것도 이러한 겨울산의 훈련을 통해서 이루어진다. 그런 경우 순간적으로 멈춰서거나 피켈로 제동을 걸어 속도를 늦추는 것, 또는 활강 도중 좋지 않던 자세를 바로잡는 것, 밧줄로 연결된 채 활강하면서 동료의 접근을 재빨리 알아차리는 능력을 기르는 것, 모두가 겨울산에서가 아니면 터득할 수 없는 일이다. 이러한 기술의 축적이 후일 위급한 상황에서 일행을 구해내게 된다. 설피(Snow-Shoes)사용에 대해서는 대충 넘어가겠다. 설피는 주로 눈이 많이 내려 쌓인 골짜기를 지날 때 사용하는 것이기 때문이다. 그러나 이것은 기술적으로나 정신적으로나 산악등반과는 근본적으로 다른 것이다.

이러한 일련의 훈련이 예비훈련이다. 예비훈련은 철저하고 진지하게 해야만 한다. 왜냐하면 이런 훈련을 적당히 형식적으로 해치운 사람은 위급한 경우에 실력을 발휘하지 못하여 조난당하기 쉽기 때문이다. 젊은 풋내기 등산가는 이 단계를 거쳐야 비로소 유능한 중견 알피니스트가 되는 것이며 웬만한 산을 별반 위험없이 즐기는 기분으로 등반할 수 있게 된다. 그렇게 되기까지의 기간 동안 그들은 '가장 합리적으로 등반에 대비하려면 어떻게 해야 하는가'를 실제로 체험한 셈이 된다. 한두 번이라도 설산(雪山) 등반의 경험이 있는 사람이라면 과감한 암벽등반, 즉 트라운슈타인(Traunstein)의 암벽을 오르겠다고 쉬엠(Chiem) 호수 쪽에서 운동화를 신은 채로 덤벼들지는 않을 것이다. 훈련 수준이 이 정도에 이르면 알피니스트는 이윽고 자기 발에 딱 맞는 등산화(Nagel Schuh -shoes-)를 갖추게 된다. 또한 사슴가죽이라든가 직물로 만든 부드러운 밑창을 가진 신발이 바위너덜을 지날 때에는 징이 박힌 등산화(Nagel) 보다 편하고 안전하지만, 젖은 땅이라든가 눈밭을 갈 때는 더 미끄럽고 위험하다는 사실도 차츰 알게 된다. 눈밭이라든가 얼음이 덮인 바위 또는 얼음판과 얼어붙은 만년설 위에서는 굵은 징을 얼기설기 박은 끈매는 신(Bundschuh)만이 쓸모가 있을 뿐이다. 발에 잘 맞는 아이젠을 달면 더욱 안전하고 편하다. 우리의 젊은 알피니스트들은 이렇게 하여 여러가지 사실을 체험을 통해서 확인해 나가게 된다. 어떤 복장이 가장 적합한가. 그리고 등산복은 어떤 부분이 몸에 꼭 맞고 어떤 부분이 헐렁하게 여유가 있는 편이 가장 좋은가. 날씨가 급변했을 때는 어떻게 하면 건강을 유지할 수 있는가. 어떤 식품이 특히 지구력을 강화시켜 주는가(추위에는 지방질) 반대로 어떤 식품이 좋지 않은가(모든 알콜음료와 지나치게 물을 많이 마시는 것) 식사시간은 몇 시간 간격으로 정하는 것이 가장 좋은가. 배낭의 무게는 어느 정도가 가장 적당한가 등등이다.

다음에는 본격적으로 암벽등반에 대해서 설명해 보기로 하자. 여기서 특별히 경고해두고 싶은 점은 암벽등반에서는 모든 수단이 동원되겠지만 발은 반드시 한 걸음씩만 옮겨야 한다는 사실이다. 너무 성급하게, 자신에 넘쳐서 몸을 날리려다가는 틀림없이 파멸의 위험이 닥친다. 이리하여 알피니스트에게는 비교적 쉬운 일, 좀 어려운 일, 매우 어려운 일, 극도로 어려운 일 따위의 판단 기준이 마련되는 것이다. 이러한 기준은 때로는 명확히 구분되지 않을 경우도 있지만 초보자는 이러한 단계를 특별히 유의해 주었으면 좋겠다. 그로세 친네(Grosse Zinne)라든가 그 비슷한 정도의 암벽을 단독등반으로 정복하기 전에

클라이네 친네(Kleine Zinne)에 도전하는 것이 당연한 일이다.
클라이네 친네 중에서 가장 쉬운 쪽도 올라보지 못한 사람이
그 북벽을 오르려 하는 것은 어리석은 일이다. 거듭 강조하지만
조난사고의 50퍼센트 이상은 이러한 성급함과 아직도 미숙한
자기 능력을 지나치게 믿는 데에 그 원인이 있다. 만약 이 불행
한 사람들이 조심스럽게 훈련을 계속했고 특히 자기 힘으로
밧줄의 도움없이 훈련에 열중했었다면, 그들을 파멸로 몰아넣으
려던 그 산을 2,3년 이내에 틀림없이 안전하게 등정했을 것이
다. 그런데 언제나 암벽 위에 자리잡은 리더가 늘여준 밧줄의
확보를 받고 있는 이상, 그들의 자립심은 확립되지 못하며 등반
실력은 과대평가되게 마련이다. 반대로 어떤 알피니스트가 어느
누구의 도움도 받지 않고 엔슈탈 알프스(Ennstal Alps)라든가
알프스 암벽의 유명한 루트를 모조리 완등할 수 있었다면, 그는
알프스 등반의 모든 문제를 해결할 수 있을 것이다. 단지 알프
스의 원시적 자연환경 속에서 온갖 암벽에 익숙하고 돌로미테
(Dolomite 3,342) 암벽에서 벼랑틈새기(Chimney)를 오르는 등반
기술이라든가 차일바위를 오르는 기술에만 익숙해지면 되는
것이다. 혼자힘으로 조심스럽게만 하면 훈련등반은 자신의 능력
의 한계를 분명히 인식시켜준다.

성취와 전락의 갈람길인 이 시점에서 다시 한번 다음 사실을

강조해야 되겠다. 즉 초보자의 경우는 예외이지만 상당히 수련을 쌓은 알피니스트의 능력과 기술은 결코 비약적으로 발달하는 것이 아니라 단지 조금씩밖에 향상되지 않는다는 점이다. 더구나 별로 어렵지 않은 루트에서 착실하게 등반훈련을 거듭하는 경우라 해도 육체적, 정신적 상태가 허용하는 자신의 능력의 최대한계에는 아주 조금씩 다가갈 수 있을 뿐이다. 훈련에 의해서 초자연적인 능력이 생길 것이라고 기대해서는 안된다. 최고의 교육기법과 경험을 지닌 최우수 교사라 하더라도 워낙 재주가 없는 학생을 천재로 만들 수는 없다. 이와 마찬가지로 아무리 확고한 의지를 갖고 강훈련을 거듭하더라고 결코 자기 자신의 그림자를 뛰어넘을 수는 없는 것이다. 인간의 타고난 능력의 차이는 스포츠에서도 역시 인정하지 않을 수 없는 것이다.

훈련을 강화하기 위해서는 하산길 역시 어려운 코스를 잡아야 한다. 일반적으로 훈련이 철저하면 철저할수록 목적달성의 시기는 빨라진다. 또한 가끔은 고산지대에서 기상이 급변하는 것에 대비하기 위하여 날씨가 좋지 않은 날을 골라 등반훈련을 강행해야 한다. 예컨대 마이에 산에서 사나운 눈보라에 휩쓸린 사람에게는 더 이상 선택의 여지가 남아있지 않다. 최악의 상태에서 눈앞에 닥친 고난을 하나하나 극복해 나갈 수 있어야 한다. 따라서 가끔은 비교적 단시간의 암벽등반이 따르는 동계의 등산

암벽등반의 기초훈련

이 중요한 가치를 지니게 된다. 이렇게 해서 눈에 덮인 디딤턱 (Stance)이나 손잡이감(hold)을 찾아서 더듬는 암벽등반의 어려운 기술과 바위 비탈에서 많은 눈이 쌓인 눈구덩이에 빠지지 않고 비켜가는 방법도 익히게 된다. 이런 등반은 겨울에는 특히 더 위험하여 최고도의 기술을 갖춘 사람이나 간신히 해낼 수 있을 정도이다. 이런 경우 비교적 쉬운 일에서 차츰 어려운 일로 비약하는 것은 여름보다도 겨울이 훨씬 위험하다. 겨울철은 해도 짧지만 어쩌다 한둔(bivouac)이라도 하게되는 경우에는 얼어죽을 위험까지도 각오하지 않을 수 없기 때문이다. 아직 미숙한 알피니스트나 그 동반자는 위험이 예상되면 즉시 되돌아서거나 아니면 좀더 쉽고 안전한 길을 잡아야 한다.

산에서 길을 찾는다는 것은 매우 중요한 일이다. 길을 찾는 요령은 등반훈련의 모든 단계에서 세심하게 익힐 필요가 있다. 깊은 숲속을 가로질러 갈 경우, 예민한 본능적 감각으로 길을 찾아내게 되는 경우가 가끔 있었을 것이다. 그런 감각은 깊은 산 속에서도 절대 필요하다. 우선 처음에는 아무런 안내표지나 길의 흔적이 없는 곳에서 전진방향을 잡고, 장애가 가장 적으면서도 목적지에 이르는 최단거리를 어림해야 한다. 양떼들처럼 무작정 이리저리 몰려다녀서는 안된다. 방향은 어느 쪽이냐? 방위는 어떻게 되느냐? 방위판단의 근거는 무엇이냐? 그 길로

가면 혹시 장애물이 있지나 않을까? 마치 체스가 끝난 다음 다시 그 모든 과정을 재현해보는 것처럼 항상 자기 스스로 의문을 제기해보아야 한다. 이렇게 해서 전형적인 현상을 머리 속에 새겨넣는다. 길이 난달(길이 여러 갈으로 통한 곳)로 되어 있을 때는 과연 어느 길을 잡아야 하는가? 어느 길이나 모두 그 나름의 논리적 원칙에 따라 마련된 것인데 우리는 그 원칙을 추리해야 한다.

곧장 뻗은 길은 가장 자연스러운 길이다. 이 곧은 길에서 벗어날 때는 언제나 두 가지 나쁜 경우를 예상할 수 있는데 — 산에서는 그 이상의 나쁜 경우가 생기는 일이 많지만 — 그 중에서 조금이라도 나은 쪽을 선택해야 한다. 따라서 문제가 되는 지점에서는 언제나 최대한의 상상력을 발휘하여 이 길을 택했을 때와 저 길을 택했을 때 각기 예상되는 어려움을 비교해서 결정해야 한다. 이러한 상황판단력과 재빠른 추리능력을 기르기 위해서는 우선 책에서 읽었던 등반보고서나 관광안내서, 귀동냥으로 얻어 들었던 지식을 바탕으로 길을 잡고 나가는 것이 좋다. 그런 후에 전망이 트인 곳에서 등반로 또는 하산길을 정한다. 혹시 길을 잘못 들었던 경우에는 오판(誤判)의 원인을 깊이 생각해 본다.

특히 중요한 것은 안개 속에서 길을 잃지 않는 것이다. 이런 경우에는 특징이 있는 목표물, 특이한 형태의 너럭바위나 벼랑의 색채, 차일바위 따위를 안개가 더 짙어지기 전에 눈여겨 보아두든가 또는 일정한 장소에서 그린 스케치에 그 목표물을 그려넣어 두어야 한다. 이러한 판단과 조처에는 특히 큰 비중을 두어야 한다. 왜냐하면 우리는 고산지대에서 느닷없이 피어오르는 짙은 안개를 만날 때 아무런 조처도 취할 수 없기 때문이다. 가장 뛰어난 암벽등반의 명수가 될 수는 있다고 해도 방향을 잃고 며칠씩 헤매던 끝에 마침내 지쳐서 숨을 거두거나 낭떠러지에서 떨어져 죽는 일이 생기는 것이다. 그런 일은 지금까지도 몇 번씩이나 있었던 일이다. 달도 없는 밤에는 누구든 위험한 지역에서 길을 찾아 헤매거나 활동을 할 수가 없다. 그럴 때는 아침을 기다릴 수밖에 없다. 일반적으로 석회암질의 산맥에는 곁가리 뫼줄기가 많아 시야가 막히기 쉽다.

이렇듯 석회암질의 산은 현무암질의 산과는 전혀 다른 만큼 길을 찾는 방법을 좀더 열심히 훈련해 두어야 한다. 이처럼 언제나 철저하게 검토하고 분석하면서 산악지대로 가는 사람에게 있어서는 전에 왔던 길을 가든지 초행길을 가든지 결과는 모두 마찬가지가 된다.

이번에는 얼음등반기술들을 익혀보자. 산장은 흔히 빙하 끝 가까이에 세워져 있다. 그러니 자유로운 오후 시간을 산장 안에

빙설훈련

서 어물어물 보내지 말고 열심히 빙설훈련을 하는 것이 좋다. 눈부시게 빛나는 얼음판 위를 아이젠을 신고 걷거나 또는 아이젠없이 걸어본다. 아이젠을 신었을 때는 나겔 슈라든가 등반화를 신었을 때와는 발놀림이 전혀 달라진다는 것도 알아야 한다. 평소와는 다른 근육을 사용하게 되는 것이다. 이렇게 하여 얼음에도 여러가지가 있음을 분간할 줄 알게 된다. 너테가 많은 빙판을 밟고 가는 방법을 배우게 되고 또 보통 신발만 신고도 충분히 오를 수 있는 경사라든가, 아이젠만 신으면 디딤턱을 만들지 않고도 오를 수 있는 경사를 힐끗 보고도 알아낼 수 있게 된다. 아이젠을 신고 산을 등지고 내려오는 하산은 등반을 하는 것과는 본질적으로 다르다. 또한 큰 입을 벌리고 있는 빙하의 깊은 골창(crevasse)을 아이젠을 신었을 때나 신지 않았을 때나 건너뛰는 방법을 조심스럽게 연습할 필요가 있다. 그리하여 골창의 폭을 눈대중으로 보고 뛸 자리를 바르게 가늠한 다음, 자신의 능력이 어느 정도인가를 파악하는 방법을 배우는 것이다. 리더가 없는 알피니스트에게 가장 중요한 과제는 발디딤턱(step)을 만드는 것이다. 이 기술은 앞에서도 말한 빙하 끝의 위험하지 않은 곳에서 연습하는 것이 가장 바람직하다. 그리고 서서히 험악한 빙판으로 옮겨가, 차츰 좁고 가파른 얼음에 뒤덮인 산등성이(稜線)를 걷는 연습을 한다. 이렇게 하여 피켈을 손에 들고 중심을 잡으면서, 빙판에 있는 아주 자그마한 발판 위에도 제대로 몸을 안정시키고 설 수 있는 훈련을 쌓아야 한다.

다음에는 빙하를 건너는 훈련을 해야 한다. 처음에는 리더나 숙달된 동료들과 함께 밧줄을 연결하고 전진하되, 그 과정에서 스스로 생각하면서 발 밑을 피켈이나 신바닥으로 계속 확인한다. 끊임없이 그때 그때의 눈의 종류를 관찰한다. 눈은 그 날의 날씨라든가 시간, 산의 고도, 눈이 쌓인 지역의 지형에 따라 여러가지로 바뀐다. 해묵은 눈밭과 퍼붓고 있는 함박눈, 싸락 눈, 진눈깨비 등은 모두가 성질이 다른 만큼 그 위를 밟고 전진할 때의 발놀림과 몸의 중심이동 방법도 다르다. 더구나 내린지 5시간 지난 눈, 바람에 의해 굳어진 눈, 하루 전에 내린 눈, 닷새 전에 내린 눈, 2주일 전의 눈, 표면이 녹았다가 다시 얼어서 겉만 단단하고 속은 푸석푸석한 눈밭 등도 모두 성질이 다르다. 눈에 덮여 있는 얼음골창(Schrund)의 흔적을 날카롭게 찾아내어 그 폭과 길이를 알아차려야 하며, 입을 벌리고 있는 빙하의 틈에 걸린 여러가지 형태와 성질의 얼음다리(snow bridge)를 밟고 건널 수 있는지 없는지도 정확하게 분간할 수 있어야 한다. 또한 끊임없이 피켈을 이용하여 눈밭길에 허방다리(함정)가 숨겨져 있지 않은가를 살펴야 하며, 여기저기 깊게 골이

크레바스의 얼음다리(snow bridge)

패어있는 빙하 위에서 가장 안전한 길을 잡아나가는 방법도
익혀야 한다. 동료들과 함께 행동하는 경우에는 빙하를 거슬러
올라갈 때나 내려올 때나 항상 앞장서는 것이 좋다. 밧줄에
연결되어 뒤따라가면서 리더가 개척한 길을 따라가기만 해서는
아무런 진전이 없다. 얼음골창을 극복하는 것은 꽤 까다로운
체스의 묘수풀이와 비슷해서, 이를 해결하려면 특별한 세심함과
숙련이 필요하다. 또한 별로 길게 가로막고 있지는 않은 만년설

의 빙벽이라면 그 중 약한 곳을 찾아내어 뚫고나가는 방법도 있으며, 얼어붙은 차일처럼 솟아나온 산등성이를 넘는 기술도 단계적으로 시도한다. 이 경우 빙설의 차일(雪庇)이 통째로 무너져내릴 위험도 있음을 참작해야 한다.

지금까지 설명한 사항 이상의 일은 이미 훈련의 단계를 넘어서는 것이다. 그 다음은 본격적인 등반을 하면서 역시 처음에는 비교적 쉬운 것으로부터 시작하여 차츰 어려운 것으로 옮겨간다. 그런데 원래 등반훈련에는 끝이 없으며 본격적 등반은 훈련이 아니라고 할 수도 없다. 이제까지의 모든 등반은 다음 번 등반에 대비한 훈련이라고 할 수도 있다. 이러한 본격적이고 수준높은 훈련을 거치는 동안, 알피니스트들은 웬만한 장애와 시련에 익숙하게 대처할 수 있게 된다. 앞에서 설명한 것 이외의 사항은 고산지대에서만 일어나며 고산지대에서만 진짜 위험이 따르는 것이다. 즉 낙석·눈사태, 벼랑에 붙어있던 빙벽의 붕괴, 빙탑(氷塔 serac)에서 미끄러져 떨어지는 사고, 눈보라 따위…

훈련만 쌓았다고 해서 노련한 알피니스트가 되는 것은 아니다. 훈련은 알피니즘 수련의 반쪽일 뿐이다. 실제의 훈련도 중요하지만 이에 못지않게 중요한 것은 등산이론의 학습이며 알프스 관련문헌의 조사, 연구이다. 이상하게 들릴지는 모르지만 오늘날의 알피니스트들은 그 기술의 반을 책으로도 익힐 수 있다.

지난날에는 제1급의 등산가에게 있어서도 공포의 상징이었던 산이 오늘날에는 능숙한 등반가에 의해 손쉽게 등정이 이루어지는 원인은 과연 어디에 있을까? 그렇다고 해서 위대한 알프스의 개척자들이 이룩한 업적을 무시하겠다는 것은 결코 아니다. 우리는 그들의 덕을 크게 보고 있는 셈이다. 어떤 산을 한 사람 또는 몇 사람이 우리보다 앞서 올랐다고 해서 결코 그 산 자체가 쉬워진 것은 아니다. 그러나 앞서 등반에 성공한 사람이 있다는 사실은 그 뒤를 따르는 사람에게 용기와 자신감을 불어넣어준다. 이로써 우리는 선구자가 쏟은 정열과 투지의 10분의 1만 가지고도 충분히 성공하게 되는 것이다.

이러한 강력한 정신적 무기를 손에 넣기 위해서는 모든 산행에 앞서, 목표로 하는 산과 그 산의 등반사에 정통해야만 한다. 특히 요즈음은 매우 훌륭한 분류지도를 쉽게 입수할 수 있다. 당장 생각나는 것만 해도 스위스의 완벽한 지지학적(地誌學的) 지도가 있다. 또 독일·오스트리아·알펜협회의 분류지도(Gruppen Karten)는 해마다 수정되어 매우 신뢰성이 높고 입체적으로 되어 있다. 이밖에도 여러 가지의 뛰어난 대형지도가 있다. 이들 지도는 우리가 집안에 앉아서 연구를 하거나 현지에서 길을 찾는데 도움이 된다. 또한 잘 된 사진 역시 큰 도움을 준다. 요즈음에는 사진을 얼마든지 입수할 수 있다. 이들 사진만 있어도— 등반로를 정확하게 기입한 것이면 더욱 바람직하지만 — 우리는 어떤 산을 조용히 서재에 앉아서 철저히 연구, 검토할 수 있다. 또 때로는 등반으로 하나하나를 세밀하게 조사할 수도 있다. 그러나 언제나 가장 중요한 것은 앞서서 등반한 사람의 등반 기록이다. 이들 등반기록을 지도라든가 될 수 있으면 사진을 통해서 세밀하게 우리의 기억 속에 새겨두어야 한다. 그 때 단순히 하나의 루트에만 한정시키지 말고, 그 산줄기에 이어지는 여러 봉우리와 골짜기도 충분히 고려하여 관련부분 전체를 읽어두는 것이 바람직하다. 이렇게 해서 자기가 겨냥하는 산을 철저히 연구해 두면, 안개 속에서 리더 없이도 길을 찾아낼 수 있을 것이다. 이 얼핏 보기에는 수수께끼 같은 산의 본능이 그 위력을 나타내는 일은 흔히 있다. 나 역시 짙은 안개 속에서 완전히 새로운 등반로와 하산길을 찾아냈던 일이 여러 번 있다. 그렇지만 내가 총괄적인 사전 연구를 통해서 그 산의 상상모형도(想像模型圖)를 머리 속에 만들어 놓고 있지 않았더라면 그런 일은 불가능했을 것이다.

현재 알프스에 관계된 문헌을 개관적으로 엮은 책들이라든가 하나하나의 뫼봉우리, 또는 연봉(連峰)과 산군(山群)에 대한 각론(各論)이 나와있다. 이러한 책과 문헌들은 좀더 평이하고

산악관련 문헌

간략한 것으로 요약되어 하나하나의 가이드북이 되는 것인데, 비교적 오래된 문헌으로는 슈투더(Gottlieb Studer 1804~1890)가 쓴 2편의 뛰어난 논문이 있다. 그것은 스위스 산악지대를 소개한 〈얼음과 눈에 관해서〉와 라인강협곡 동쪽의 알프스연산(連山)에 관해서 쓴 〈동부 알프스의 개척〉이다. 요즈음의 젊은 알피니스트들은 얄팍한 가이드북이나 〈동부 알프스의 등반가〉 따위의 안내서로 때우려고 하지만 그것은 바람직한 태도가 아니다. 그런 식의 요약·발췌서에는 구체적인 서술이나 풍부한 체험이라는 지식이 모두 빠져있기 때문이다. 그러므로 우선 자기가 오를 산과 등반로의 전체적인 실상을 머리에 새겨넣은 다음, 안내서에서 부족한 점은 자신의 지식으로 보충해 나가는 것이 바람직하다.

그러나 이처럼 구체적이고 실제적으로 도움이 되는 부분은 단지 앞가림에 지나지 않는다. 목표를 의식하고 자신을 안전한 알피니스트로서 완성시키려는 사람은 당장 오르려는 산의 문헌적 지식의 습득만으로 만족해서는 안된다. 그보다 훨씬 더 많은 엄청난 분량의 산악도서와 문헌을 모조리 읽어야 한다. 특히 고전적인 작품을 독파해야 한다. 그래야만 비로소 고산지대에서 일어나는 모든 현상과 등산가의 앞을 가로막는 온갖 장애와 위험을 전체적으로 파악할 수 있다. 또한 동시에 산에서 싸우는 인간을 모든 면에서 분석하여 여러가지 경우를 극복하는 방법을 파악하고, 때로는 전진하고 때로는 후퇴하는 전술의 묘(妙)를 터득할 수 있는 것이다. 여러 해에 걸친 열성적인 등산과 총괄적인 문헌연구를 통해서, 지난날 알프스의 길잡이요 선구적 등반가들이 몇십년이 걸려서도 얻지 못했던 정도의 체험과 산악지식을 얻을 수 있다. 이를테면 수많은 빙하등반의 묘사를 통해서 우리가 겪게 될 모든 빙하현상과 위험 및 알피니스트로서의 빙설기술 따위를 완전히 익힌 경우에, 이들 책에서 읽은 지식을 실제로 응용하기 위해서는 단 몇 번만 직접 빙하를 건너보면 충분하다. 마치 어학에서 문법규칙과 연습문제와의 관계와 비슷한 것이다. 이러한 지식만 있으면 우리는 공포마저도 극복할 수있다. 매우 어려운 산행을 시도하여 이미 해는 넘어가는데 갈길은 먼 경우를 가정해 보자. 어둠을 뚫고 산장까지 내려올 수는 없고 그렇다고 이 고지의 빙하 위에서 밤을 새우다보면 얼어죽을지도 모른다는 생각이 들면, 공포와 불안이 우리의 이성을 혼란케 하고 행동을 마비시킬 수도 있다. 그러나 실상 그런 때야말로 과거의 등반기록이 확실한 도움을 준다. 그 전에 이미 좀더 위로 올라간 고지에서 안전한 한둔을 했던 전례가 몇 번이나 있었음을 생각해 내는 것이다. 그쯤 되면 이미 그 당시의 효과적이었던 응급대책과 주의 사항을 참작하여 침착하게 등반을 계속할 수 있다. 혹은 한 두 명의 동료와 밧줄로 연결하여 거의 수직에 가까울 정도로 가파른 빙설의 산등성이를 오르고 있었다고 하자. 그 때 동료 중 한 명의 발이 미끄러졌다든가 또는 몸의 중심을 잃어 한쪽 비탈로 미끄러져 떨어지게 되면 모두가 함께 끌려내려갈 판이다. 그러나 잠깐 저 위대한 산악안내인 한스·그라스의 기록을 읽었던 일이 있지 않은가? 그는 자기가 안내하던 사람이 왼쪽으로 굴러 떨어지는 순간 자신은 오른쪽 빙벽 밑으로 몸을 날렸던 것이다. 그렇게 해서 밧줄은 산등성이의 좌우로 갈라져 평형을 이루고 모두가 무사할 수 있었다.

따라서 이제 산에서는 전혀 새로운 일이라든가 놀라운 일은 존재하지 않는다고 할 수 있다. 어떤 경우이든 지금까지 읽었던 모든 문헌 중에서 비슷한 사례를 생각해 내고 동시에 이미 시도하여 효과가 있었던 공격, 방어의 전술을 생각해 내서 그대로 또는 응용하여 실천만 하면 되는 것이다. 따라서 훈련과 독서를 착실하게 한 등산가에게 있어서는 새로운 산, 새로운 등반로란 이미 알려져 있는 일을 몸소 실천하는 대상에 지나지 않는다.

나는 여기서 평범하게 성장한 젊은이라면 누구든간에 정력적인 의지를 발휘해서 몇 해 동안에 확실하게 등반기술을 익히고, 뚜렷한 목표 아래 과감하게 도전하면 차츰 제1급의 어려운 과제라도 해결할 수 있는 방법을 요약해서 소개했다. 훈련과 문헌연구, 즉 힘을 기울여 단계적으로 터득한 기술과 경험, 그리고 선배들이 축적해 놓은 체험이라는 풍부한 문헌기록이야말로 우리를 순수한 기쁨을 안겨주는 멋진 산의 세계로 안내해 주는 마술지팡이이다. 그리고 또 올바르게 사용만 한다면 산의 위험으로부터 우리를 지켜서 불사신으로 만들어주는 부적이기도 하다.

알피니스트를 위한 테일러 시스템

Life is work, and work is play, Three in one and one in three.
— Bernard Shaw 1856~1950   "John Bulls other Island"

잘 모르는 분도 있을지 모르니까 간단히 소개하기로 한다. 미국인 테일러(Frederick Winslow Taylor 1856~1915)씨가 최근 매우 훌륭한 새로운 학술이론을 개척했다. 뼈가 빠지도록 고생하지 않고도 인간의 노동을 좀더 효율적으로 수행하는 방법을 밝혀낸 것이다. 이를 위해서는 다음 세 가지가 필요하다는 것이다.

1. 분석 : 기술 및 생리학의 전문가가 작업공정을 세밀하게 분해한다. 작업의 구성요소에는 물론 휴식도 포함시킨다.

프레드릭 W. 테일러

2. 종합 : 이들 작업의 각 요소를 목적에 맞게 정리해서 재구
   성하는데, 이와 관련된 모든 장애요소와 헛수고·손실 따
   위를 배제시킨다.

3. 방법 : 작업자의 동작 하나하나를 과학적·체계적으로 재결
   합시켜 이를 철저하게 습득케 한다. 또 작업에 필요한 모든
   도구의 사용방법을 익히고 확정된 작업 표준 매뉴얼을 철저
   하게 지키도록 한다.

현재 이 같은 테일러의 원칙에 따라 수많은 생리학자와 심리
학자들이 머리를 짜내어 여러가지 실험과 정교한 측정기구를

고안해 내고 있음에도 불구하고, 아직 테일러의 시스템은 하나의 학문으로 정립되어 있지는 않다. 현재로서는 대개의 경우 현장에서 실험적 훈련을 통해 확고한 체계를 모색하고 있는데 지나지 않는다.

그러나 작업을 '합리화'하려는 꾸준한 노력으로 머지않아 풍부한 자금과 최상급의 이론과 실제 연구자를 중심으로 독자적인 '테일러 연구소' 같은 것이 설립 될지도 모른다. 실상 문화국가의 국민이라면 그들의 노력과 시간을 최대한 효율적으로 사용해야 하기 때문이다. 그런데 이 방식에는 두 가지 결점이 있다고 생각된다. 그것은 노동(작업)의 일반적인 생리적 전제조건, 그리고 육체적 기술보다 더 중요하다고 생각되는 순전히 심리적인 것 즉 정신적 기술이라는 두 가지 조건이 고려되지 않고 있다는 점이다. 그런데 천박하기 짝이 없는 현대인은 정신적 기술의 중요성 같은 것은 전혀 이해하지 못하고 있는 실정이다.

엄청나게 먼 공간거리라든가 어마어마하게 높은 산의 정상을 올라서는 데에 있어, 굉장히 빠른 시간 안에 해 내겠다든가 험준한 곳을 돌파하고 위험을 극복하여 무사히 빠져나오는 등의 엄청난 일을 해내겠다고 하는 판이니, 등산가라 하더라도 자신의 체력을 되도록 경제적(효율적)으로 활용하지 않으면 안된다. 이렇게 말하면 몇몇 등산가는 틀림없이 내 말을 가로막고 이렇게 말할 것이다.

'그런 것은 나로서는 아무 상관도 없는 일이오. 그렇게 되면 등산이 순전한 스포츠가 되고 말지요. 더구나 속도를 문제시하게 되면 말이오. 그러니까 나는 테일러 시스템으로 훈련받을 필요는 없어요.'

그렇지만 성급하게 단정하지는 말기 바란다. 오랜 등반에 견딜 수 있는 사람에게는 짧은 등반은 놀이같이 되고 만다. 어려운 일, 위험한 일을 해 낼 수만 있다면 별로 대단치 않은 일은 쉽사리 해 낼 수 있을 것이다. 그렇게 되면 마음의 창은 그 밖의 온갖 인상, 산의 순수한 기쁨을 맞아들이기 위해 활짝 열릴 것이 아닌가? 그리고 별로 힘들이지 않고 빨리 오를 수 있다는 것은 예컨대 나처럼 알프스에서의 경쟁을 어리석고 천박한 일이라고 보는 사람에게도 여러가지 유익한 점을 가져다줄 것이며 위험과 고생도 줄어들게 해줄 것이 아닌가?

그렇지만 여기서 테일러 시스템에 의한 알프스 등반 방법을 말하겠다는 것은 아니고, 단지 중요한 문제 중에서 평소에는 별로 주의를 하지 않고 있는 몇 가지 점을 가려내어 세밀하게 검토해 볼까 한다. 그리고 이들 사례를 통해서 나는 실제의 알피니스트 특히 초보자에게 있어서 방법이라는 것이 얼마나 풍성한 수확을 가져다 주는가, 그리고 또 방법의 연구가 얼마나 발전을 촉진시키는가, 더 나아가 이 분야에서 얼마나 많은 문제점들이 미해결인 채로 남아있으며 철저한 연구가 필요한가를 밝혀보려는 것이다.

1. 여러가지의 일반적 전제조건

호흡 : 알피니스트에게 있어서 호흡술을 마스터한다는 것은 가수와 마찬가지로 중요한 일이다. 우선 첫째로 폐활량이 커야 하며 들여마신 숨을 효율적으로 활용해야 한다. 숨이 차서 헐떡거린다는 것은 힘의 낭비를 의미하며 한 가지 운동을 마스터하지 못했다는 증거이다. 따라서 우리는 하루에도 몇 차례씩 틈이 날 때마다 천천히 깊이 숨쉬는 연습을 해야만 한다. 어깨를 올리고 턱을 치켜드는 폐첨호흡(肺尖呼吸)과 팔을 올리면서 하는 흉곽(胸郭)호흡을 교대로 하면서 천천히 숨을 내쉰다. 이 때 절대로 숨을 멈추어서는 안된다. 그렇게 하면 몸에 해롭다. 등산에서는 절대로 잠시도 숨을 멈춰서는 안된다. 숨을 멈추는 것은 잠수(潛水)를 할 때만 필요하다. 또 절대로 입으로 숨을 들이마시지 말아야 한다. 가파른 비탈길을 오름에 따라 심장이 몹시 뛰기 시작하면, 잠시 멈추어 서서 두세 번 심호흡을 되풀이하며 휴식을 취하여 진정시킨다.

최근 리듬체조의 몇몇 유파(流派)에서 완전히 조절된 심호흡의 리듬에 맞추어 연습을 시키고 있는 것은 참으로 잘하는 일이다. 가벼운 등반이나 훨씬 많은 에너지가 필요한 어려운 등반도 ── 구경꾼에게는 좋은 눈요기거리가 되겠지만 ── 모두가 들여마시는 숨, 내쉬는 숨의 호흡법과 밀접한 관련을 맺고 있다. 영어로 쓴 최초의 에베레스트 등반기록의 필자 말로리(George Herbert Leigh Mallory, 1886~1924)는 숨을 들이쉬고 내쉬는 리듬을 자신의 걸음걸이 리듬과 일치시키기 위해서 얼마나 신중하고 철저한 훈련을 거듭했는가를 강조하고 있다. 이로써 그는 산소가 희박한 곳에서 지구력을 발휘하는 데에 다른 동료들보다 훨씬 앞설 수 있었던 것이다.

우리가 기분이 별로 좋지 않을 때, 또는 두렵고 염려스러운 마음이 되어 의욕이 감퇴되어 있을 때 높은 산의 싸늘한 공기를 열두어 번쯤 심호흡하고 나면 그러한 기분은 순식간에 사라져버리고 만다.

고대의 사람들이나 동양의 현인(賢人)들은 호흡을 올바르게 조절하는 차원높은 비술(祕術)에 대해서 우리보다 훨씬 많은 중요한 사실을 알고 있었고 현재에도 역시 마찬가지이다(丹田呼吸 따위). 또한 그들은 우리가 전혀 모르는 여러가지 호흡의 작용에 대해서 알고 있었다(I. L. Schmidt의 「호흡찬가(呼吸讚歌)」를

에베레스트를 오르는 말로리와 노튼

참조할 것).

　　피부위생 : 수백만 개의 미세한 근육이 피로에서 오는 어마어
마한 독소와 생명의 찌꺼기를 배출하기 위해서 피부 기공(氣
孔)의 문지기 노릇을 하고 있다. 이들 근육의 외기(外氣)가
몹시 차거나 바람이 세차게 부는 곳에서는 혈액의 온도를 유지
시키고, 무서운 동상(凍傷)을 막기 위해서 스스로 기공을 좁히
는 작용을 한다. 또한 기온이 매우 높거나 가열되고 있는 곳에
서는 땀도 흘려야 하지만 오히려 열의 발산을 쉽게 하려고 기공
을 최대한으로 확대하게 된다. 그런데 땀을 많이 흘리게 되면
체력이 떨어지고 심장의 힘도 낭비시키는 결과를 가져오므로
어떻게 하면 근육의 신경은 이 두 가지 과제를 좀더 효율적으로
해결할 수 있을까? 그것은 합리적인 나체훈련(裸體訓鍊)에 의해
서 가능하게 된다. 무작정 오랫동안 일광욕을 한다든가 물 속에
들어가 있거나 해서는 안된다. 그런 훈련을 해서 나폴리의 거지
가 된다든가 바다표범이라도 되겠다는 것이라면 또 모르겠지만
…. 날마다 뮐러(Johannes Peter Muller 1801~1858)식 실내체조
(나의 방식 Ⅱ, 피부마찰훈련) 를 하는 편이 훨씬 좋다. 물론 통풍
이 잘되는 곳—기온이 15℃ 일 때도—에서 하는 것이 좋다.
또 그 밖의 다른 나체체조라도 좋다. 그런데 느닷없이 냉수를

뒤집어쓰면 심장과 신경을 상하게 되지만 날마다 뮐러식 피부마찰이나 맛사지를 하기 전에 잠깐 동안 목욕을 한다든가 온몸을 씻는 것은 피부에 매우 좋은 일이다. 고무를 코팅한 외투를 입고 걸어다니거나 잠잘 때 고무이불을 덮고 자는 것은 매우 위험하다. 깃털이불에 의해 피부가 몹시 약해져 있는 사람은 예외이겠지만 설사 아무리 추운 곳에서 자게 된다 하더라도 이불을 몸에 밀착시키지는 말고 이불과 몸 사이에 약간의 공간을 만들어, 마치 공기로 온몸을 싸듯이 하면 아주 얇은 이불이라도 곧 적당한 열의 균형을 얻을 수 있다.

식량 : 등산가에게 있어서 가장 중요한 것 중의 하나는 식량인데 유감스럽게도 아직까지 과학적으로 전혀 해명이 되어 있지 않다. 포이트·뮌헨 교수 덕분으로 제1차 세계대전이 일어나기 전의 독일인들은 단백질을 마치 만능의 영약인 것처럼 과대평가 하였다. 그리하여 그들은 영국인 이상으로 육류와 계란, 탈지 (脫脂)치즈를 마구 먹었지만 그의 학설이 잘못된 것임은 이미 히텐덴 힌트회덴이 입증한 바 있다. 그리고 이 해롭고 값비싼 미신이 전쟁 중의 영양에 관한 끔찍스러운 실험을 끝으로 결정적으로 청산되기를 바란다. 오늘날에는 어떤 식품이 건강한 육체를 유지시키는 데 충분한 단백질을 갖고 있는지 알려져

있다. 그러나 식품을 단지 기계적으로 칼로리 면에서만 평가하는 것은 좋지 않다. 뒤링(U. Duhring) 교수가 관찰한 바에 의하면 신선한 야채라든가 과일은 비록 칼로리는 적지만 모두 영양이 풍부하고 인체에 필수 불가결한 것이라고 한다. 신비에 가득 찬 '비타민 생리학'이라고 하는, 전망이 밝은 하나의 학문이 이미 대두하고 있다. 생명을 위해서 가장 중요하다고 생각되는 영양소는 높은 열을 가하면 대부분 파괴되고 만다. 이런 사실만 보더라도 여행시에 여러가지 통조림으로 배를 채우는 일이 얼마나 잘못되었는지, 그리고 또 신선한 과일이나 별로 오래 삶지 않은 야채들이 얼마나 많은 활력을 솟아나게 하는지 알 수 있다. 도살된 동물의 고기가 우리의 몸을 건강하게 하는데 있어서 얼마나 부적당한가, 그리고 곱게 빻은 밀가루라든가 백설탕 같은 화학적으로 매우 순수한 성분이 영양이라는 점에서 얼마나 가치가 적은 것인가 하는 사실을 머지않아 과학이 결정적으로 증명해 줄 것이다. 그렇게 되면 철분과 석회분이 부족한 인공당분을, 기적적 활력의 가장 경이적인 정수(精粹)라 할 수 있는 벌꿀과 동등한 것으로 취급하려고 들던 사람들은 얼굴이 붉어지지 않을 수 없을 것이다. 합성구연산(合成枸緣酸)이나 인공식초, 사카린 따위의 화학제품은 잘해야 본전인 것이다. 따라서 샐러드나 소스는 레몬으로 맛을 내야 한다.

어떤 영양소가 인체에 특히 유효하며 또 어떤 것이 건강을 증진시키는데 기여하는가 하는 점에 대해서 오늘날의 생리학은 거의 아무런 설명도 해 주지 못하고 있다. 서로 상승효과가 있는 것, 중화작용을 하거나 상극(相克)이 되는 것에 대해서도 해명하지 못하고 있는 현실이다.

우리의 육체를 지배하고 있는, 하루를 주기(周期-cycle)로 하고 있는 리듬에 대해서도 과학은 아직 아무런 설명도 정확한 지식도 주지 못하고 있다. 그럼에도 불구하고 조금만 생각해 보면 우리 인간이 태양의 아들임은 분명하며, 1년과 하루의 두 가지 태양의 주기운동이 우리의 육체만이 아니라 정신적인 부분에 얼마나 강력한 영향을 미치고 있는지를 어렴풋이나마 알 수 있다.

밤참을 든다는 것은 얼마나 무의미한 일인가? 등산에서 가장 푸짐한 식사를 저녁 무렵에 일찌감치 하는 것이 좋다. 이것은 또 대다수 사람들의 식사시간(저녁 6시에서 7시 사이)과도 일치하며 쉬지 않고 일하는 사람 — 고산등반자는 바로 그런 사람이다 — 에게 가장 적합하다고 할 수 있다.

그런데 이와는 달리 영국식의 영양과다적 아침식사라든가 독일식으로 오전 중에 두차례나 아침식사를 하는 것은 잘못이라는 생각이 들게 되었다. 나 자신으로 말하면 12시 또는 1시까지 전혀 식사를 하지 않고도 눈밭을 여러 시간 행군하거나 나무를 베어넘기는 등의 중노동을 할 수 있다. 마찬가지로 여러 시간 계속해서 글을 쓰거나 서너 시간 동안 박물관을 열심히 견학하는 등의 정신적인 중노동도 지치지 않고 해낼 수 있다. 잠자는 시간을 새들과 마찬가지로 만물의 어머니인 태양의 운행주기와 맞춘 우리 알피니스트들은 식품에서도 가짜 인공적 문화와는 손을 끊고 자연이 우리의 식탁에 공급해 주는 제철의 식품을 찾아 먹어야 한다. 따라서 겨울음식과 여름음식은 분명히 달라야 한다. 우유라든가 유가공 제품은 주로 가축의 먹이가 되는 푸른 풀이 자라나는 계절, 즉 방목(放牧)의 계절에 먹어야 하고 밀가루 식품과 호도·감자·당근 따위는 주로 가을과 겨울에, 야채는 봄에서 늦가을까지, 여러가지 과일은 여름과 가을에 먹는 등, 철따라 가장 풍성하게 공급되는 제철 음식을 우리의 주식으로 삼아야 한다. 이따금 단식하는 것, 특히 초봄에 단식을 하는 일의 중요성을 옛날의 동서양의 현인들은 잘 알고 있었는데, 오늘날의 어리석은 사람들은 전혀 모르고 있는 것 같다. 물론 이것은 완전히 성숙한 성인의 경우이고 미완성의 젊은이들은 인체를 구성하는 식품을 풍부하게 섭취해야 한다. 젊은이들은 훈련을 위해서 그리고 의지력을 강화시키기 위해서 이따금 단식을 하는 것이 좋을 것이다.

큰일을 쉽게 해내기 위해서 모든 기호품으로 인한 해독을 피해야만 한다는 사실에 무감각해져버린 도시인은 말할 것도 없고 농민들마저도 요즈음에는 더욱 더 신경을 쓰지 않게 되었다. 특히 맥주라든가 보드카는 우리의 정신을 무기력하게 하고 신경을 불안정하게 하며 근육을 이완(弛緩)시킨다. 따라서 훈련받은 알피니스트는 알콜성분이 없는 음료와 물, 또는 미네럴 워터라든가 차·커피·수프·우유·천연 과일쥬스 등을 조금씩 마셔야 하며 절대로 단숨에 들이켜서는 안된다. 그 중에서도 비교적 괜찮은 것은 우유와 천연 과일쥬스이다. 그보다도 유동식품이 필요할 때는 수분함량이 많은 과일이라든가 야채로 보충하는 편이 좋다. 그리고 소금기라든가 향신료가 강한 요리, 치즈나 소시지는 피해야 한다. 어떤 사람의 육체가 어느 정도 단련되어 있는가를 가장 간단히 판정하려면 그 사람이 어느 정도의 유동식품을 필요로 하는가를 보면 된다. 목이 마른 것도 아닌데 줄곧 몇시간씩이나 ― 그것도 대피용 산장에서 ― 홀짝홀짝 술을 마시거나 폭음을 하고, 필요이상의 커피를 마셔대는 것처럼 어리석은 일이 있을까? 또는 배가 고프지 않은데 식사시간이 되었다. 해서 무엇이든 마구 먹어야 된다고 생각하고 과다한 식사를 하는 것도 건강을 해치는 주요 원인이 된다.

독서 ― 또는 자기 관찰인 편이 더 좋겠지만 ― 에 의해서 어떤 특정한 생활방법이 체력, 특히 지구력을 두드러지게 증진시킨다는 사실을 이해했다면 그러한 생활방법을 단순한 훈련이라든가 산행 때에만 활용하지 말고 그것으로 자신의 몸을 항상 단련하여 새롭게 개조하는 것이 좋다.

인간은 하나의 통일체이므로 식사나 호흡에 의해 심리적인 것도 모두 크게 좌우된다. 단순히 기분만이 아니라 의지의 수양, 영속적인 감정이나 사고도 규제를 받게 된다.

이 밖에도 아직 의복·공기·태양·수면 등에 대해서 설명하고 싶은 것들은 많이 있지만 두번째 문제를 다루어보기로 하겠다.

2. 테일러방식으로 바뀐 기술

나는 등산기술 전반을 상세하게 논할 생각은 없다. 두세 가지 사례를 들어서 어떻게 하면 ① 철저하게 분석하고 ② 합목적적으로 총괄하며 ③ 헛수고를 하는 일없이 훈련을 할 수 있으며 또한 해야 하는가를 밝히기로 하자.

자기 몸의 중심 컨트롤 : 이 문제는 빙하를 가로질러 가거나 거슬러 올라갈 경우의 최초·최후의 중요문제이며 등반자로서는 필수적인 하나의 사항이다. 전형적인 문제부터 다루어 보기로 하자. 이제 깎아지른 것같이 솟은 만년설로 뒤덮인 산등성이 (능선)위에서 당신의 왼발 뒤꿈치는 단단한 발판을 딛고 있지만 오른발을 내딛을 자리는 한 50㎝가량 푹 꺼진 곳밖에 없다. 그런데 오른발이 깊은 곳을 딛자면 온몸의 체중이 오른발로 옮겨지므로 그 자리 역시 단단해야 할텐데 아무래도 그런 것 같지는 않다. 이럴 경우에는 조심스럽게 오른발을 살며시 내딛어야 할 것이다. 두손이라든가 스톡의 도움을 받을 수도 없을 경우에 우리는 어떻게 해야 할 것인가?

분석 : ① 균형 즉 발을 내딛을 경우 몸의 중심이 왼발 뒤꿈치 위에 수직으로 놓이도록 조정하고 있는 것은, 내이(內耳)의 삼반규관(三半規管) 안에 있는 평형감각을 관장하는 기관과 왼쪽 발목관절 주위에 있는 근육에 이어진 수많은 신경조직이다.

② 이들 근육의 운동신경은 중심이 수직선에서 조금이라도 벗어나는 것을 막기 위해서 매우 정확하게 그리고 민첩하게 협력해야 한다. 특히 (a)좌우로 흔들리는 것 (b)앞으로, (c)그리고 얼마쯤은 뒤쪽으로 젖혀지는 것을 막기 위해서 연속으로 움직여야 한다.

(a)는 추락을 의미하며 (b)는 안전한지 어쩐지 알 수 없는 발판에 온몸을 내맡기듯 쏠리게 하는 것을 의미한다. (c)는 별로 지장이 없다.

③ 이런 운동에 있어서 불수의적(不隨意的)인 주요작용은 왼쪽 허벅다리에 있는 무릎굴절근에 의해 이루어지는 것으로 강력하지만 서서히 이완되어가는 무릎신장근의 반대작용에 의해서 급격하게 굽혀지는 것을 막아야만 한다. 더구나 내딛는 발로 신중하게 더듬듯이 중심을 옮기기 위해서는 오른발 뒤꿈치의 신경기관도 작용해야 한다.

이상의 사실에서 다음과 같은 준비운동이 필요하게 된다.

① 몸을 흔들리지 않게 하면서 오랜 시간 한 발로 서 있거나 굵은 각목 또는 난간 위를 천천히 걸어본다. 또한 책상 위나 구덩이 언저리에 서서 몸을 앞으로 굽혀본다. 나중에는 이런 일을 한쪽 발뒤꿈치만으로 하고, 마지막에는 이 모든 일을 눈을 감고 한다. 이같은 연습을 통해서 평형감각을 훈련하는 것이 좋다.

② 무거운 의자 위에 한쪽 발뒤꿈치를 올려놓고 천천히 무릎을 굽히고 또 다른 발은 바닥을 살피듯 더듬는다. 이 때 바닥 위에 쿵 하고 강하게 내려서서는 안된다. 이 일을 눈을 감고 되풀이 해야 하는데 변화를 주기 위해 미리 분필로 표시를 해

놓은 곳을 겨냥해서 천천히 발을 내딛는다. 몸이 흔들리지 않게 될 때까지 이런 연습을 계속하는 것이 좋다. 배낭을 지면 그만큼 중심이 높아져서 중심과의 싸움이 매우 어려워지므로 이따금씩 배낭을 지고 해 보는 것도 좋다. 이보다는 쉽지만 평형을 유지하고 발의 근육을 강화하는 효과가 있는 것은 이와 정반대의 운동이다. 한쪽발 엄지발가락만으로 서서 다른 발을 딛거나 또는 서 있는 발보다 높이 들어올리는 연습이다. 발을 내릴 때 몸을 너무 앞으로 굽혀서는 안된다. 앞에 낭떠러지라도 있을 경우에는 그런 동작을 취할 수 없기 때문이다. 또는 피켈로 발디딤턱을 팔 때도 평형을 유지할 수 있도록 한쪽발 엄지발가락 위에 중심을 얹고, 피켈을 여러 방향에서 내려찍는 연습도 해야만 한다.

이러한 연습을 자주 그리고 본격적으로 되풀이하면 등산가에게는 아주 큰 도움이 된다. 곧 다리나 발의 근육을 강화하는 일 이외에도 평형감각이 매우 민감해져서, 운동 근육 신경은 불수의적으로 그리고 사고(思考)보다도 훨씬 빨리 — 관절에 딸린 감각신경의 직접적인 명령에 의해서 — 몸을 올바른 위치에 놓을 수 있게 훈련이 된다. 이런 것을 반사운동이라고 한다. 몸의 중심을 조절할 수 있는 능력이 뛰어날수록 그만큼 힘을 절약할 수 있으며, 정신적으로도 여유와 침착성을 갖고 위험에 대처할 수 있다. 평형감각을 관장하는 기관이 인체의 위쪽, 내이 (內耳)의 미로(迷路)의 삼반규관에 위치해 있다는 것은 매우 합리적인 일이다. 배꼽의 바로 뒤쪽에 있는 중심이 아주 조금이라도 정지위치(静止位置)에서 벗어나면 머리는 거의 2배 정도나 흔들리게 된다.

나는 여기서 한 가지 예를 들어 어떻게 하면 조직적인 연습방법에 도달할 수 있을까를 설명한다. 해부학·생리학의 전문가이며 동시에 숙달된 등산가가 이 등산기술 전반을 철저히 분석, 종합해서 의의 있는 연습체계를 만들어낸다면 얼마나 바람직한 일일까? 그 체계에 의해서 실제로 일어나는 중요한 문제라든가 여러가지 운동을 연습할 수도 있을 것이다. 그렇게 되면 초보 알피니스트에게는 얼마나 효과적일까? 물론 실내라든가 정원에서 할 수 있는 것은 특정한 기본연습 뿐이고 등산학교·연습등산·동계 트레킹 따위를 이용하는 편이 좋다. 그런 경우라도 이와 같은 분석적이고 종합적이며, 조직적인 방법은 훈련을 훨씬 효과적으로 만들어 주며 모든 면에서 목적달성을 빠르게 해준다.

무쇠처럼 단단한 손 : 알피니스트의 생명이 손가락 끝에 달리게 되는 일은 참으로 자주 일어난다. 따라서 끊임없이 손가락의 강화훈련을 거듭해야 한다. 대문기둥이나 돌담의 좁은 턱에

강력한 손의 힘을 요구하는 암벽훈련

손을 걸치고 몸을 끌어올리거나 되도록 오랫동안 그런 상태를 유지한다. 때로는 한 손만으로 매달린다. 이 일을 추운 겨울에도 실행한다. 아무리 고통스럽더라도 후일의 안전을 바란다면 연습을 게을리 해서는 안된다. 여러 번의 훈련을 통해 무엇보다도 먼저 자기의 손가락이 어느 정도의 힘을 낼 수 있으며, 어느 정도 견딜 수 있는가를 정확하게 알아두어야 한다.

발판의 확실성 : 이것은 중심의 컨트롤과 함께 알피니스트에게는 가장 중요한 일이다. 그야말로 생사에 관련된 문제이다. 조심스러운 눈이 순간적으로 찾아낸 곳을 역시 순간적으로, 한 치의 오차도 없이 발로 딛어야만 한다. 즉 눈과 발의 밀접한 협동이 필요한 것이다. 몰이꾼이나 사냥개에게 쫓긴 알프스 영양이 아슬아슬하고 빤질빤질한 바위벼랑이나 산등성이의 위태롭게 흔들리는 바위 위를 재빠르게 달려가는 모습은, 영양이 자신의 체력과 능력과 지형조건을 확실하게 파악하고 있음을 명확하게 보여주고 있다. 켜켜로 쌓인 편마암 너덜 위를 처량한 몰골로 매우 힘들게 나아가고 있는 당신, 엉덩이를 깔고 앉아 비탈진 너테바위를 이리저리 미끄러져 내려가고 있는 당신도 이제 곧 저 왕자(王者)와도 같은 동물과 겨룰 수 있게 된다. 상당한 거리에 걸쳐서 종이쪽지들을 아주 가까이 또는 1m 가량 떨어뜨려서, 그것을 직선 또는 가로세로로 구부러지게 마구 흐트려

암벽을 오르는 영양

놓는다. 그리고 하나의 종이쪽지라도 빼놓지 않고 밟되, 처음에는 천천히 다음에는 점점 더 빠르게 걷는 일을 되풀이하여 마지막에는 전속력으로 달리도록 한다. 또한 다른 사람에게 종이쪽지를 놓아달라고 해서 그 위를 걷기 시작할 때 비로소 그 종이쪽지들의 위치를 보도록 하는 것도 좋다. 거의 눈으로 볼 수 없는 발판을 정확하게 발로 딛을 수 있도록 하기 위해서는 흙과 같은 색깔의 종이나 낙엽 따위를 사용하여 어슴푸레한 저녁 무렵에 연습을 하는 것이 좋다.

이 기술의 본질은 다음 한 걸음이 아니라 다시 그 다음 한 걸음이 눈에 들어와 있어야 하는데에 있다. 따라서

① 발의 근육 신경은 몇 분의 1초라는 짧은 시간에 미리 보아둔 곳을 실수없이, 다시 확인하지 않고도 밟을 수 있도록 훈련되어야 한다.

② 눈은 다시 또 이용할 수 있는 발판을 달려가는 도중에 찾아내고 동시에 그렇게 찾아낸 발판의 돌이 어느 정도 단단히 박혀 있는지도 판단할 수 있도록 훈련되어야 한다.

③ 내딛을 수 있을 만한 발판이 눈에 띄지 않았을 때에는 그 즉시 순간적으로 멈추어 설 수 있어야 한다. 이와 같은 일은 모두가 논리적인 판단이 내려지기 전에 재빠르게 자동적으로 이루어져야 한다.

알펜스톡 활용기술 : 알펜스톡을 다루는 기술도 동시에 익혔으리라고 생각된다. 여기서 말하는 것은 발판을 만들 때 곡괭이처럼 사용한다든가 비탈에서 굴러 떨어지는 것을 막아주는 구실을 하게 한다든가 촉각같은 역할을 하게 되는 피켈이 아니라―이에 대해서는 나중에 다시 설명하겠다― 단지 스톡 그 자체이다. 스톡은 두 손으로 단단히 잡고― 위 아래를 잡은 손의 방향을 엇바꾸어 ― 몸의 앞쪽 또는 옆으로 비스듬하게 잡아 그 끝은 땅에서 20㎝ 가량 떼어, 급할 때는 두 손에 즉시 힘을 주어 필요한 것으로 정확하게 몸을 날려 뛰어들 준비를 항상 갖추고 있어야만 한다. 스톡은 세번째 발이 되기도 하고 브레이크가 되기도 하며, 때로는 말뚝 또 어떤 경우에는 장대높이 뛰기의 장대 구실도 하게 된다. 예컨대 빙설로 얼어붙은 산등성이를 오를 때 가장 높은 턱을 걷지 않고 그보다 10~30㎝쯤 낮은 곳을 밟고 가면서 스톡으로 산등성이의 반대편을 찍으면, 끝은 지렛대 원리로 산의 등성마루를 찍어누르게 된다. 또 산등성이의 반대쪽으로 걷게 되면 스톡으로는 다른 쪽을 찍어 주어야 되는 것이다. 이렇게 오른쪽에서 왼쪽으로, 또는 왼쪽에서 오른쪽으로 등성마루를 넘어올 때는 스톡에 의지할 수 없기 때문에 매우 위험해진다. 그 때는 번개같이 빠른 손놀림으로 스톡을 바꿔쥐어야 하며, 동시에 스톡의 끝 역시 최단거리를 이동해서

새로운 위치를 찍어야 한다. 그러나 눈 밑에 숨겨진 바위등을 찍지 않도록 조심스럽게 지켜보아야 한다. 하산길에도 스톡은 몸이 기울어지는 쪽과는 반대쪽으로 두어야 하기 때문에 이따금 고쳐잡아야 한다. 이러한 과정의 손놀림 역시 정확하게 연습해야 한다. 처음에는 별로 무리가 없는 지형, 즉 숲 속 개울가의 비탈에서 연습하는 것이 좋겠다.

앞서 말한 자동적인 발놀림에 의한 보행·주행과 이 스톡 활용기술을 완전히 익힌 다음에는 험준한 곳이라도 별로 힘들이지 않고 편하게 나아갈 수 있다. 별로 훈련을 쌓지 않는 사람들에게는 마치 기적처럼 보일 것이다. 그리고 다른 동료들이 벌벌 떨면서 또한 육체적·정신적 에너지를 헛되이 낭비하면서 좀처럼 못하고 있는, 아니 어쩌면 도저히 해내지 못할 것 같은 가파른 된비알(몹시 험한 비탈)스톡으로 가끔씩 브레이크를 걸면서 한달음에 빠져나올 수도 있는 것이다. 또 어떤 경우에는 석회석 너덜로 뒤덮인 험한 골짜기를 충분히 계산된 가벼운 도약으로 선너지를 수도 있다. 그 경우 그가 딛고 가는 바윗돌은 모두가 건들건들 움직이는 것들이며, 수많은 바윗돌이 그의 전후좌우에서 요란한 소리를 내며 눈 아래의 깊은 협곡으로 굴러떨어지는 것이다.

자동화: 이 문제에 대해서는 지금까지 여러 차례 언급한 바

있다. 이러한 자동화야말로 모든 위대한 성과를 거두게 하고 위험을 막아주기도 하는 체력과 정신력의 완벽한 경제성을 얻게 하는 열쇠가 숨어있다. 흔히 제기되는 사고에 대한 비판을 나는 별로 높이 평가하지 않는다.

　그러한 비판은 '결정적 순간의 정신적, 육체적 결함'이라는 궁극적인 원인을 규명하지 못하고, 대개의 경우 쓸데없는 상투적 표현에 지나지 않는 수가 많다. '바윗돌이 무너져 내렸기 때문에 추락했다'가 아니라 사실은 '발판이 무너져 내릴 때 반사신경이 자동적으로 작용하도록 훈련되어 있지 않았기 때문에, 추락을 방지할 행동을 취하지 못했다'고 하는 것이 정확한 표현일 것이다. 험준한 곳을 등반할 경우에 몸은 3개의 지점(支點)을 갖고 있으며, 손과 발은 네번째의 지점을 찾게 된다. 이 3개의 지점 중에서 어느 하나가 갑자기 무너지면 몸의 균형을 잃게 되고, 손발이 미처 다른 지점을 확보하지 못하면 굴러떨어지게 된다. 그러나 이런 일은 미숙한 사람에게나 일어난다. 훈련이 제대로 되어 있으면 민감한 손발의 신경은 지점이 무너질 것 같은 낌새를 재빨리 알아차리고 1초의 몇 분의 1이라는 짧은 순간에 그것을 척추의 중추신경에 전달한다. 그러면 중추신경은 또 순식간에 위험한 지점에 걸려 있던 체중을 재빨리 덜어서 다른 손발로 새로운 지점을 확보하고 그 곳으로 옮기도록 운동

신경에 지시를 내려 그렇게 실행한다. 또는 숙련된 사람의 손발은 서서히 무너지기 시작하는 발판을, 살아남기 위한 손잡이를 잡거나 다른 발판으로 발을 옮기기 위한 도약의 디딤대로 역이용한다. 경솔해서라든가 아니면 어쩔 수 없는 사정에서 2개의 지점밖에 확보하지 못했을 때, 그 중 하나가 무너져 내리는 것은 앞서의 경우보다 더욱 위험한 상황인데 이 역시 근본적으로는 같은 문제이다. 이 경우에는 단 하나의 손 또는 발에 온몸의 체중을 내맡기는 것이다. 얼음의 골창(Crevasse)에 빠지는 경우도 마찬가지이다. 숙달된 사람이라면 빠지는 순간 상체를 앞으로 내던지며 스톡을 가로 놓이게 잡을 것이다. 이 같은 상황, 또는 이와 비슷한 상황에서는 깊이 생각하여 판단을 내릴 여유가 없다. 하사관과도 같은 우리의 신경은 — 숙달된 사람의 신경처럼 철저하게 훈련된 것이지만 — 지휘관인 뇌신경에게 상황을 보고하기 전에 스스로 판단을 내려서 유효 적절한 조처를 취해야만 하는 것이다. 따라서 나는 세상에서 흔히들 말하는 '침착한 의식'이라는 감탄사는 오해이며 심리학적으로도 잘못된 것이라고 생각하며 — 저 본능적 방어행동은 논리적으로 추리 · 계산하는 의식에 의한 것이 아니기 때문에 — 오히려 훈련된 반사신경의 자동적인 작용이라고 말하고 싶다. 어떠한 연습장에서라도 좋으니 스스로 어떤 경우에는 왼손, 또 어떤 경우에는 오른발의 지점이 무너진다는 가정하에 그 손이나 발에 걸려있는 체중을 재빨리 옮기는 요령을 익혀야 한다. 그 요령을 실제로 터득할 수 있는, 위험하지 않은 채석장이나 바위가 여기저기 얹혀있는 벼랑이 있다. 위험이 적은 지형에서 번개같은 적응력과 반사신경을 키우기 전에는 정말로 위험한 지역에는 들어서지 않는 것이 좋다. 아무튼 자신의 신경을 끊임없이 철저하게 훈련하면 당연한 보수로서 위급한 경우에 기적적으로 생명을 구할 수 있을 것이다.

　내 자신의 경험을 두어 가지 이야기하자. 오스트리아 티롤 (Tirol)의 서쪽 외츠탈 알프스(Oetztal Alps)의 편마암으로 이루어진 험준한 산등성이를 처음 등반했을 때의 일이다. 나는 혼자였다. 무너진 벼랑의 중턱에서 나는 발판이 시원치 않은 좁은 턱에 발끝을 걸치고 엄청난 위험 앞에 몸을 내맡기고 있었다. 깎아지른 듯한 낭떠러지에는 손으로 잡고 매달릴 만한 바위턱이나 옹두라지도 없었고 발끝을 걸칠 디딤턱이 될 만한 틈도 없었다. 내가 간신히 매달려 있는 곳에서 윗쪽으로 반 야드 (45㎝)쯤 떨어진 곳에 두 손으로 매달릴 만한 차양바위가 솟아나와 있었다. 그보다 조금 위쪽에는 약간 오른쪽으로 좀더 나은 지점이 있는 것 같았다. 그러나 나로서는 그 바위옹두라지가 어느 정도 단단한지 시험해 볼 수가 없었다. 왜냐하면 그 바위옹두라지가 너무 높은 곳에 있었기 때문이었다. 그렇다고 해서 나에게 어서 손을 뻗쳐 잡아달라고 손짓하고 있는 것처럼 보이는 산의 요정같은 그 바위옹두라지를 완전히 믿을 수도 없었다.

그러나 나는 이것저것 선택할 여지가 없었고 발돋움을 해서 손을 뻗어도 안 닿았기 때문에, 몸을 솟구쳐 그 차일바위턱을 부여잡고 몸을 끌어올렸다. 숙달된 알피니스트들이 어지간한 위기에 처하지 않고서는 바위턱 따위를 잡고 몸을 끌어올리는 것을 삼가는 이유가 있듯이, 그 때 나는 그 바위턱의 뿌리가 벼랑에서 빠져나오기 시작한다는 것을 알아차렸다. '다시 내려갈까? 그러나 먼저 딛고 있던 작은 바위턱을 발끝으로 찾아내어 다시 딛는다는 것은 거의 불가능에 가까웠고 더구나 그렇게 하다가는 지금 잡고 있는 바위뿌리가 뽑혀서 머리 위로 쏟아져 내려올 것이다.' 나는 마지막 기력을 다해서 서서히 빠져나오기 시작하는 차일바위턱을 잡고 몸을 끌어올리며, 오른손으로는 맨 처음 눈여겨 보아두었던 오른쪽 위의 바위옹두라지를 거머잡고 매달렸다. 그러자, 맨 처음 내가 두 손으로 잡았던 차일바위의 뿌리가 뭉텅 빠져나와, 벼랑에 매달린 나의 허벅다리 사이로 흙먼지와 요란한 소리를 일으키며 굴러 떨어졌다. 그 순간, 나는 온몸의 체중을 감당하고 있던 오른손이 바위옹두라지를 놓치기 직전에 바위뿌리가 빠져나간 틈으로 재빨리 다리를 밀어넣어

유럽 제일의 알레취 빙하

오른손 하나에만 의지하던 체중을 다리로 분산시킬 수 있었다.

또 이런 일도 있었다. 리더없이 둘이서 무거운 배낭을 지고, 전혀 눈이 없는 평평한 알레취(Aletsch) 대빙하(Gletscher)를 일주일에 걸쳐 산장에서 잠자며 거슬러 올라갔을 때였다. 돌아가지 않기 위해서 나는 앞을 가로막고 있는 빙하골창을 여러 개 뛰어건넜다. 알사탕같은 얼음덩이가 깔린 빙판 위에는 눈이 전혀 쌓여 있지 않았기 때문에 밧줄을 연결하지 않고 각자가 자기 나름대로 전진했다. 뛰는 순간, 등에 진 무거운 배낭이 출렁하면서 내 몸을 뒤로 끌어 당겼다. 그 순간 소름이 쫙 끼쳐왔다.

평소보다 무거운 짐을 계산에 넣지 않았었기 때문에 도약이 좀 약했던 것이다. 그래서 빙하골창의 북쪽 기슭을 차고 뛸 때 내 몸은 비스듬히 뒤쪽으로 쏠렸다. '몸을 앞으로 굽히며 두 손을 짚고 엎어질 수도 없다. 그렇게 하면 빙하골창의 남쪽 기슭에 간신히 턱걸이한 내 발이 뒤로 미끄러질 것이 뻔하다.' 그래서 나는 언제나 그랬던 것처럼 무릎을 잔뜩 굽힌 자세로 건너편 기슭에 떨어지자마자, 다시 한 번 발로 빙판바닥을 차고 몸을 솟구쳐 뛰어오르면서 안전하게 착지하여 바로 설 수 있었다.

앞의 글 중에서 작은 따옴표안의 설명은 사고와 판단의 과정을 거친 것처럼 되어 있지만, 사실은 동시에 순간적으로 이루어 진 것이다. 한 순간에 일어났던 일을 이렇게 장황하게 분석적으 로 서술한다든가 거의 무의식적으로 해낸 일에 논리적 맥락을 덧붙이면 나의 두번째 모험담은 허풍장이 남작(男爵)이 발사된 포탄을 타고 가다가 다른 포탄으로 옮겨타고 날아갔다는 허풍같 이 되고 말지도 모른다. 그러나 나는 결코 내 자랑을 늘어놓으 려는 것이 아니다. 실상은 내가 저지른 어처구니 없는 실수들이 너무나 부끄러워, 나와 함께 착실하게 전진하다가 안전하게 뛰어건너간 내 동료에게도 당시에는 아무 말도 하지 않았던 것 이다.

감지신경의 민감성 : 이 문제는 앞의 내용과 밀접한 관련을 맺고 있다. 여러가지 형태와 종류의 암석표면 및 그 강도에 대해서 새로운 감지 능력을 키워야 한다. 예컨대 45도 경사의 편마암 너테바위라든가 백운암 벼랑의 수직으로 벌어진 틈새기 (Chimney)가 어느 정도의 마찰과 충격을 견딜 수 있는가, 저 칡넝쿨이나 아기진달래나무는 어느 정도의 힘을 받을 수 있는가 를 즉시 판단할 수 있는 신경이다. 어떤 돌이 단단히 박혀있는 가 아니면 쉽게 뽑혀 나올 것인가, 가로가 아니라 세로방향으로 는 잡고 당겨도 끄떡없을 것이라는 점 따위를 발끝 또는 손끝이 닿기가 무섭게 알아차려야 하다. 이런 식의 예민한 감각은 천차

만별의 형상을 하고 있는 눈이나 얼음의 경우에는 더욱 중요하다. 피켈 끝은 숙련된 외과의사의 내시경처럼 더듬더듬 뻗는 손에 대해서 정확한 정보를 전달해 주어야 한다. 또한 조심스럽게 내딛는 발끝을 통해서 오늘 내리는 눈은 가루눈이어서 맥이 없다든가 또는 미끄러질 것 같다든가 괜찮다든가 하는 것을 얼른 알아차려야 한다. 마찬가지로 오늘 눈은 함박눈이어서 제법 쌓이겠다든가 눈사태나, 산사태가 날 위험이 있다든가 하는 것을 정확하게 느낄 수 있어야 한다. 눈은 위에서 수직으로 내려밟아 다져놓아야 되며 산비탈 쪽으로 몸을 굽힌 자세로 밟으면 눈이 밀려서 발이 미끄러질 수도 있다는 사실을 이론으로만 알고 있어서는 안되며, 발바닥의 감각으로 직접 느껴서 터득해야만 한다.

빙하를 혼자서 거슬러 올라가다, 눈에 덮여 보이지 않는 빙하의 골창들이 이리저리 얽혀있는 곳을 무사히 가로질러 가는 것은 매우 힘들다고들 한다. 물론 천차만별의 구조를 갖고 있는 빙하골창이나 눈의 상태에 대해서 완전한 지식을 갖추고 절대로 안전할 수 있는 사람은 없다. 다른 산의 위험에 맞설 때와 마찬가지로 말이다. 그러나 나는 빙하의 전문가라는 사람들에게 묻고 싶다. 자일 카메라덴(Seil Kameraden＝Seil Party)을 편성해서 나섰을 때 빙하골창에 빠진 일은 지금까지 몇 번이나 있었는가? 또 직업적인 등산안내인 즉 길잡이로서 몇 번이나 그런 일을 겪었는가 하고 말이다. 그런 사고는 좀처럼 자주 일어나는 일이 아니다. 흔히 볼 수 있는 일이지만 리더가 어떤 여행자와 둘이서 빙하를 건너다가 이런 일이 일어난다면 리더는 어떻게 하면 좋을까? 완전히 빙하골창 속으로 빠져버린 리더를 여행자가 밧줄로 끌어올릴 수라도 있다는 말인가? 숙련된 사람의 빙하골창에 대한 날카로운 감각은 고도로 훈련되어 있으므로 빙하골창에 빠지는 위험은 좀처럼 겪지 않는다. 나 역시 바위뿌리에 발이 걸린다든가 디딤턱이 무너져서 위기에 빠진 경우에 비하면 빙하골창에 빠진 일은 훨씬 적다.

몸의 안전이 요구하는 수준까지 촉각을 민감하게 향상시키려면 꼭 높은 산에 가야만 할 것인가? 지형이 험하지 않은 곳에서도 연습은 얼마든지 할 수 있다. 특히 위험이 적은 중급 정도의 산에 겨울철에 가보는 것이 좋다. 예컨대 가끔 스키를 타고 멀리 나섬으로써 눈에 대해서 놀라운 감각을 익힐 수 있다.

고산지대의 온갖 사물에 대한 시력의 강화에 대해서는 할 말이 너무도 많다. 그러나 이 항목에 속하는 것은 이미 〈산 위에서 한 연설〉에서 두세 가지는 썼다. 눈대중으로 거리를 가늠하는 연습은 언제 어느 곳에서든 할 수 있고 또 끊임없이 해야만 된다.

그리고 눈대중으로 잰 거리를 다시 발걸음으로 재어서 확인하거나, 또는 다른 방법으로, 예컨대 지도 위에서 측정해 둔다. 물론 이렇게 해서 눈대중에 자신이 생기지만, 처음으로 높은 산에 올라가서 특히 빙하지대에서 자신이 저지르는 눈대중의 착오에 몹시 놀라고 또한 부끄럽게 생각될 것이다.

바위너설이나 돌무지에서는 앞서 간 사람의 발자국을 찾아내기 위해서는 석회암 위에 있는 손톱으로 긁힌 정도의 희미한 흔적이라도 놓치지 않도록, 그야말로 모히칸(Mohican)족처럼 날카로운 눈을 갖추고 있어야 한다. 반쯤 혹은 거의 완전히 눈에 뒤덮인 발자국이나 스톡 자국을 찾아낸다는 것은 안개가 짙게 깔렸을 경우에는 더욱 효과적이다. 깊은 숲 속에서 일정한 흔적을 추적함으로써 눈을 훈련시킬 수가 있다. 숨겨진 빙하골창의 흔적을 분간해내는 것은 매우 중요한 일인데, 이것은 빙하 위에서 실제로 배울 수밖에 없다. 또한 낭떠러지나 빙하골창이 널려 있는 빙하를 어떻게 하면 가장 쉽고 안전하게 갈 수 있는지를 재빨리 알아낸다든가 또는 그 길목을 머리 속에서 그려내는 능력은 알피니스트로서 매우 중요한 일이지만, 이 능력은 산 속에서 오랜 세월에 걸쳐 실제로 길을 찾아가면서 몸에 배게 하는 수밖에 없다. 이와는 달리 마음 속에서 이른바 빈틈이 없는 연속된 사다리를 낮은 벽에 걸어 보고, 동시에 그 사다리가 얼마나 단단한가를 한 번 보기만 하고도 판단할 수 있는 능력은 등산학교에서 배울 수 있다. 이런 학교에서는 또 밧줄로 연결하고 등반중인 동료를 조심스럽게 지켜보다가 그의 몸이 기우뚱거리거나 미끄러지기 전에 밧줄을 끌어 올리는 연습도 할 수 있다.

육체의 리듬 : 인간은 누구나 일정한 리듬을 갖고 있다. 맥박이라든가 호흡만이 아니라 걸음걸이, 톱으로 나무를 켜는 일, 손잡이를 돌리는 일에 이르기까지 인간은 자기나름의 리듬을 갖고 행동한다. 이러한 리듬은 연령이나 숙련도, 피로도 및 일에 대한 의욕의 강도에 따라 변화하는 것이긴 하지만 평균적으로 보면 누구나 대개 비슷하게 마련이다. 너무 지나치게 의욕이 앞서서 그때 그때 자신의 최적 페이스(pace)를 넘어서게 되면 결국에 가서는 지쳐 떨어지게 된다. 반면에 너무 천천히 하는 것은 또 그것대로 성에 차지 않아서 맥이 빠지게 된다. 강아지처럼 전후좌우로 또 빨리 뛰었다 천천히 뛰었다 하지 않고, 어른들처럼 일정한 리듬으로 갈지자 걸음을 걸어야 한다면 어린이들에게는 고통스러울 것이다. 만약 동행자가 당신의 최적 페이스보다 빠르게 또는 늦게 걷는다면 당신은 틀림없이 그와 떨어지게 될 것이다. 일정한 속도로 걷지 않으면 마음의 평정을 유지할 수 없다. 더구나 먼 길을 갈 때는 두말할 여지도 없다.

리듬이 흐르는 등반

내려쌓인 깊은 눈길을 갈 때라든가 빙판진 비탈길을 오를 때에
는, 단순히 지속성이라는 점에서만이 아니라 안전성이라는 점에
서도 일정한 리듬이 필요하게 된다. 사다리를 오를 때 큰 소리
로 일정한 리듬에 맞추어 '하나 둘, 하나 둘'하고 숫자를 센다든
가 '왼발 오른발, 왼발 오른발'하고 구호를 붙이는 것은 참으로
적절한 행위라 하겠다.

　혼자서 도보여행을 할 경우에는 특별히 서두르거나 천천히
가야 할 필요가 없는 이상, 자기자신에게 가장 알맞는 리듬의

보행속도와 방법을 찾아내도록 해야만 한다. 가장 바람직한 것은 도로표지 사이를 한 손에 시계를 들고 발걸음 수를 세면서 걸어, 보폭과 1분간의 걸음수를 계산하는 일이다. 똑같은 방식을 오르막길, 내리막길, 눈길 등 자연조건의 변화에 맞추어 신중하게 조사해 보는 것이 좋다.

'행락(行樂)으로서의 등산'을 할 경우에도 가장 적합한 속도를 확인해 두는 것이 좋다. 이같은 여러가지 실험에 의해서 확정된 자기의 리듬이라는 것을 신중하게 몸에 익혀, 그 원칙을 언제나 충실하게 지켜야 한다. 아침 일찍 출발할 때도 지나치게 스피드를 내지 않도록 조심해야 한다. 그렇게만 하면 차츰 당신 혼자 힘으로도 최대한의 지구력을 발휘할 수 있게 될 것이다. 쓸데없이 성급하게 서두르다가 숨이 차서 헐떡거리고 뇌일혈·심장마비 등을 일으키는 위기에 직면하지 않도록 해야만 된다. 아울러 이따금씩 장거리 경쟁을 하든가 해서 능력향상을 시도해야 한다. 빨리 달릴 수 있는 것은 매우 좋은 일인데, 높은 산악지대에서 빨리 달리지 않으면 안된다는 것은 무언가 비상사태가 일어났다는 뜻이 되니까 그다지 바람직스럽지는 않은 일이다.

이 리듬에는 휴식도 포함된다. 매우 짧은 숨돌리기라든가 약간 긴 휴식, 그리고 휴일과 월차휴가에 이르기까지 휴식에도 여러가지가 있다. 도보여행자나 알피니스트들이 어떻게 하면

휴식시간을 가장 효과적으로 측정, 배분할 수 있는가 하는 점에
대해서 오늘날의 과학은 조직적인 연구나 검토, 조사 따위를
전혀 해 볼 생각이 없는 모양이다. 휴식이 절대로 필요한 것은
분명하다. 푸르트셸러(Ludwig Purtscheller, 1849~1900)는 날씨
가 좋을 동안에는 절대로 휴일을 만들지 않았던 것으로 유명한
데, 이 무쇠처럼 강인한 알피니스트는 마지막 병상에 누웠을
때 필요했을 체력마저 모조리 써없애고 말았던 것이 아닌가
생각된다. 모든 사람은 각자 자기나름의 휴식의 리듬과 최적의
조건을 선입관이나 편견에 사로잡히지 않고 찾아내도록 노력해
야 할 것이다. 왜냐하면 완전한 컨디션을 유지하고 있는 스포츠
맨은 휴식이 부족해도 안되고 지나치게 휴식을 취해도 안되기
때문이다. 이렇게 하지 않으면 그의 컨디션은 이상을 일으키고
몸은 녹슬어 버릴 것이다.

3. 심리적 요령

육체와 정신 사이에 분명한 경계선을 긋기는 어렵다. 실상
최근 실험심리학의 반쯤은 생리학이라고도 할 수 있을 정도이
다. 한편 우리같이 유물론(唯物論)을 경멸하고 있는 사람들은
시인들처럼 육체를 이룩하고 있는 것은 정신의 힘이라고 자랑스

럽게 말한다. 지금까지 장황하게 등산기술에 관해서 이야기를 늘어놓았고 동시에 따분하면서도 한 시도 긴장을 풀 수 없는 훈련을 거듭할 것을 권했을 뿐 아니라, 아직도 하고 싶은 이야기가 많은 까닭은 오직 당신들이 좀더 훌륭한 일을 해 주었으면 하는 생각이 있기 때문이다.

당신의 정신력이 자연이라고 하는 물질세계에서 기쁨에 넘쳐 자유로이 군림할 수 있게끔 하고, 당신의 손발이라든가 신경이 그때 그때 스스로의 의무를 알아차리고 자동적으로 그 일을 해 내는 충실하고 재주있는 하인역할을 해 낼 수 있도록 돕고 싶다. 이제 여기서 우리가 권하고 싶은 것은 심리적 테크닉, 곧 마음의 여러가지 테일러 시스템 방법이라는 것도 그 자체가 무언가 고상하고 도덕적인 것은 결코 아니다. 단지 그것은 경험에 의해서 능력과 성과를 향상시키고 실패와 재난을 예방하는데 기여하는 것일 뿐이다.

모든 경우를 예상해 둘 것 : 손발의 반사신경의 자동적인 작용과 순간적인 판단력에 지나치게 의존하려 한다든가 초자연적인 기술을 기대해서는 안된다. 그보다는 정신력과 공상의 힘이 모든 일을 앞질러 꿰뚫어보아 도움이 되도록 해야만 한다. 이를 위해서는 다음과 같은 원칙을 확고하게 지켜야 한다. 즉 고산지대에서 일반적으로 일어날 수 있는 위험을 눈 앞에 생생히 그려

보고 이에 대처할 방법을 극히 세부적인 면에 이르기까지 정확하게 생각하여, 그 하나하나의 경우에 필요한 행동을 자신의 몸과 손발이 정확하게 수행할 수 있어야 한다. 이러한 정신자세는 전세(戰勢)의 변화를 충분한 여유를 갖고 검토, 분석하면서 이에 대응하는 뛰어난 지휘관이나 결투장에 나서는 검투사(劍鬪士)의 마음가짐과 조금도 다를 바가 없을 것이다.

골창이 많이 패인 빙하를 서로 밧줄로 연결해서(anseilen) 전진할 때 역시, 모든 사람은 자기 또는 다른 동료가 미끄러져 떨어지게 될 때 어떻게 행동해야 하는가를 정확하게 알고 있어야만 한다. 우리는 산장의 발코니에서 아래로 추락하는 사람을 확보하고 밧줄을 사용하여, 벽이나 난간에 닿게 하지 않으면서 끌어올리는 어려운 연습을 거듭했다. 그럴 때 난간 끝에서 몸을 내밀고 끌어 올리는 사람은 자기 몸이 딸려 넘어가지 않도록 힘껏 버티며 몸의 평형을 완전히 유지해야만 한다. 추락사고가 일어난 벼랑턱에서 확보한 추락자를 끌어올리기 위해 밧줄을 벼랑턱에 걸친 채로 끌어당기면 모서리가 날카로운 벼랑턱에 긁혀서 밧줄이 끊어질 우려가 있기 때문이다. 이런 경우에 어려운 것은 동료를 끌어올리는 일이 아니라 한쪽 손이 밧줄 아래쪽을 고쳐잡을 때까지 다른 한쪽 팔로 밑에 매달린 동료의 무게를 지탱하고 있어야 한다는 점이다.

만약 연습을 통해서 그만한 체력이 못된다는 사실이 확인되면 비상용 밧줄을 배낭에 준비해야 할 것이다. 그리하여 땅 속이나 바위틈에 단단히 박은 피켈에 비상용 밧줄을 매고, 한쪽 끝은 골창 속에 매달려있는 동료에게 늘어뜨려주는 것이다. 그렇게 하면 추락한 동료는 그 밧줄을 타고 올라오든가, 아니면 밧줄 끝을 고리로 매어 등자(사다리)처럼 만들어 벼랑 위에서 밧줄을 끌어올리는 사람들의 부담을 덜어줄 수 있다. 이러한 선견지명 이야말로 무수한 허방다리(Hidden Crevasse)가 숨겨져 있는 빙하의 위험으로부터 우리를 보호해 준다.

나는 또 낙석에 대비하는 기술도 연마했다. 여러사람이 나를 향해서 눈을 뭉쳐 마구 던지게 했다. 나는 날아오는 눈덩이를 침착하게, 그러면서도 온신경을 곤두세워 똑바로 보다가 마지막 순간에 몸을 틀어 피하는 연습을 되풀이했다. 더구나 빙판 위에 서서 발은 빙판 위에 딱 붙인 채로 몸만 틀어서 피하는 것이다. 이렇게 해서 익힌 밝은 눈과 민첩한 몸놀림은 그 후 나를 낙석으로부터 보호해주었다.

쯔베르펠 코페르(Zwerchfell Kopfer)의 그 유명한 빙하 골창에서는 이런 일이 있었다. 한 열차례쯤 우박처럼 쏟아지던 낙석 중에서 제법 큰 것은 앞에서 말한 요령으로 피했다. 그러나 작은 것은 모자에 부딪쳐서 떨어졌고 얼굴은 장갑낀 두 손으로 가려 막았다. 그런데 나의 동료들은 운명을 하늘에 맡기고, 빙판 위의 우묵한 곳에 머리를 처박고 외투를 덮어쓴 채로 꼼짝 안 하고 엎드려 있는 것이었다. 낙석은 마치 그 외투를 드럼을 치듯이 마구 두들겨대었다.

한번은 내가 단독등반에 나섰다가 빙하의 골창에 빠진 일이 있었다. 그 때 역시 빙하의 골창에서 기어나오는 훈련을 해두지 않았더라면, 골창 밑으로 떨어져 정신을 잃었다가 간신히 깨어난 상태에서는 도저히 혼자힘으로 기어올라오지 못하고 말았을 것이다.

따라서 위험한 지형에서 꼭 지켜야 할 원칙으로 다음 몇 가지를 들고 싶다. 손을 뻗어 잡고 발을 내밀어 딛을 때 끊임없이 안전여부에 대해 의문을 품고 최악의 경우 그 대응책과 방어수단을 미리 생각해둘 것. 이렇게 말하면 다음과 같이 항의 할 사람도 있을지 모른다.

① 그렇게 하다가는 용기가 꺾인다.
② 시간이 너무 많이 걸리게 된다.

첫번째 이의에 대해서는 솔직히 시인하겠다. 그러나 무작정 위험 속으로 파고 들어가다가, 야만스럽기 그지없는 자연의 폭력에 의해 꼼짝못하고 당하는 것만큼 수치스러운 일은 없을 것이다. 번갯불처럼 번쩍이는 정신력을 가지고 도전하는 사람만

188

이 위험을 극복하여 아름다운 꽃과 위대한 열매를 손에 넣을 수 있다. 논리적으로 하나하나 따져 나가자면 많은 시간이 걸리 겠지만, 마음의 눈으로 수백 가지 사태를 단번에 훑어보는 데에 는 그렇게 많은 시간이 걸리지 않는다. 순간 순간의 상황에서 일어날 수 있는 모든 가능성을 상상력을 동원하여 언제라도 눈앞에 그려낼 수 있는 훈련만 쌓아두면, 마침내 그 상상력은 무의식적인 상태에서도 자동적으로 작용하게 된다. 세상사람들 은 이런 것을 '세심함'이라고 하며 감탄하지만, 오히려 이것은 직관 또는 훈련된 상상력이라고도 할 수 있다. 이러한 능력은 등산 아닌 다른 상황에서도 쓸모가 있고, 언제건 반드시 당신의 안전에 기여할 것이다.

너 자신을 알라 : 먼 옛날 아폴로의 지혜는 활동하는 인간에게 있어서도 결코 배반당할 리 없는 지표이고 최상의 방패이다. 자신의 본질과 육체적·정신적 능력의 한계를 솔직하게 그리고 결코 기죽거나 주눅들지 않고 직시할 수 있어야 한다. 그렇게 해서 비로소 사람은 위대한 성과를 이룩하고 파멸에서 구원받을 수 있는 것이다. 그 모험은 무모한 것이었다라든가 무책임한 짓이었다고 허튼소리를 늘어놓는 사람이 있다면, 그러한 무의미 론자에 대해서 나는 거꾸로 다음과 같은 개인적 도덕률을 들이 대고 싶다. '자신의 능력으로 할 수 있는 일은 얼마든지 해도

좋다. 그러나 자만에 빠지는 것은 유일한 근본악(根本惡)이다.' 그래서 내가 끊임없이 모든 면에서 훈련을 거듭하라고 역설하는 것도 단순히 체력을 강화하라는 것만이 아니라, 그때 그때 자신의 한계를 정확히 알아두어 그 한계를 엄격하게 지키고 그 한계 안에서 자신있게 행동하라는 뜻이다. 병적인 어지럼증 발작이 있다는 사실을 부정할 생각은 없지만, 세상에서 흔히 어지럼증이라고 하는 것의 99%는 발목의 복사뼈로 평형을 유지하는 훈련이 충분하지 못한 데에서 오는 불안 즉, 자신의 능력의 한계를 완전히 파악하고 있지 못한 데서 오는 불안이라고 할 수 있다. 괴테의 〈시와 진실(Dichtung und Wahrheit)〉을 펼쳐보고 그가 슈트라스부르크 대성당의 첨탑 위에서 한 걸음 두 걸음 발을 옮기면서 어지럼증을 극복한 과정을 본받는 것이 좋다.

활강(滑降 : Glissade) 기술을 익혔고 장시간 동안 빙벽에 매달려 발판(step)을 깎아내는 솜씨와 지구력을 갖추었으며, 에켄슈타인 아이젠(Eckenstein Eisen)을 제대로 사용할 줄 안다고 자부하는 사람이라면 깎아지른 듯한 빙벽과 빙폭에서 침착하게 등반과 하강을 할 수 있고 횡단(트래버스)할 수도 있을 것이다. 여러가지 사용법에 숙달되어 있으면 하산에 자신이 있는 만큼 등반에서도 상당히 과감한 모험을 시도할 수도 있을 것이다. 진정한 자신이야말로 마음의 보배인 것이다.

예비 에너지 : 충분히 모든 것을 해 낼 수 있는 실력을 갖추었다고 인정받던 알피니스트가 이따금 고산에서 위험을 만나 굴복하는 것을 보고 우리는 의아스럽게 느낀다. 웬만한 어려움이었다면 능히 극복할 수 있었을텐데 불행하게도 불리한 조건이 겹쳐, 평상시의 몇 배나 되는 육체적·정신적 저항력이 요구되는 단계에서 알피니스트들이 갖추어야 하는 예비 에너지가 바닥난 것이다. 폭우가 쏟아지거나 갑자기 함박눈이 퍼부을 때, 또는 젖은 장갑 속에서 얼어붙은 손으로, 그리고 후줄근하게 젖은 옷을 입은 채 깎아지른 듯한 벼랑을 과연 오를 수 있을 것인가? 엉덩이를 붙이기는 커녕 간신히 두 발이나 걸칠 정도로 좁은 벼랑턱의 선반바위 위에서 눈내리는 밤을 지낼 수 있는 정신력과 자질이 있는가? 자꾸만 감겨오는 눈꺼풀, 내 손으로 내 살을 꼬집어 가면서 쫓아야 하는 졸음, 온몸이 굳는 듯한 추위와 허기, 그리고 목마름을 참으면서 길고 긴 밤을 버틸 수 있을 것인가? 이렇게 고통스러운 하룻밤을 보낸 다음 냉철한 머리로 계획을 세워, 조심스럽게 다시 벼랑을 기어오를 수 있을까? 온종일 물 한 모금 마시지 못하고 이틀 동안 아무 것도 먹지 못한 가운데에서도 지칠 줄 모르는 용기와 지구력을 발휘하여 자기자신과 동료를 위해 계속 행동할 수 있는가?

이러한 문제가 있기 때문에 최악의 상태에서 견디어내려는

191

알피니스트에게는 온갖 악조건 상태에서도 견디어내는 훈련이 필요하다.

사람은 그 이상 극한 상태에 대해서 충분한 대비를 해야 한다. 이른바 풍성한 7년 동안에 근육과 신경과 의지의 창고 속에 에비 에너지를 충분히 저장해 놓아야 한다. 그러기 위해서는 며칠씩 내리퍼붓는 비나 휘몰아치는 눈보라 속에서 강행군을 한다든가 2박3일 동안 밥을 굶어가면서 행군을 해 보아야 하고 하루 또는 이틀을 물 한 모금 마시지 않고 버틴다든가 깊은 숲속에서 한둔하면서 지내보아야만 한다. 뿐만 아니라 장시간

규칙적으로(때로는 겨울에도) 알몸으로 체조를 하여 피부와 근육을 단련시키고, 어떤 경우에는 18시간에서 22시간 동안 잠시도 쉬지 않고 계속 행군을 하거나 하루 16시간씩 사흘을 계속 행군하는 등, 아무튼 온갖 훈련을 거듭해야 한다.

이런 강훈련을 제대로 해두면 정작 등산을 할 때에는 이같은 고생은 더이상 하지 않아도 된다. 자연의 심술궂은 요정(妖精)들이 떼지어 당신에게 덤벼들더라도 충분히 단련된 강인한 의지력으로 그들을 물리칠 수 있으며 그들을 압도하고 승리를 거둘 수 있다('2 테일러 시스템화한 기술' 참조). 이 경우 체력단련보다는 정신력 강화훈련이 더욱 필요하다. 즉 활기에 넘치는 의지, 불굴의 투지, 침착하고 여유있는 정신력이 더 위력을 발휘하는 것이다.

혼자서 등산을 할 때 나는 자문자답을 하는 경우가 있다. '만약 내가 저 벼랑 위에서 발이 부러졌다면 아무런 도움도 받지 못한 채 객사할 수밖에 없겠군. 그렇게 되면 얼마나 처참한 죽음일까. 그러나 가만히 앉아서 죽을 수는 없는 것 아닌가. 그렇지, 우선 급한 대로 어떻게든 나무토막을 구해서 골절된 다리에 부목(副木)을 대고 두 손과 배로 기어서라도 며칠이 걸리든 산을 내려와야지……' 실상 그같은 체험을 한 경우가 있다. 단독등반이 아니라 둘이서 등반을 하다가 바로 그런 경우를 당해, 예비 에너지를 발휘하여 둘이 모두 생명을 건진 일이 있다. 나는 마터호른에서 추락했을 때 복사뼈에 금이 가 부어오른 발목을 감싼 다음, 티펜 마텐 피른(Tiefen Matten Firn)을 넘기까지는 앙감질로 뛰어서 내려왔다. 그러나 츠무트(Zmutt) 빙하 끝의 서덜(냇가·강가 등의 돌이 많은 곳)에서는 줄곧 기어내려올 수밖에 없었고 그 아래 가파른 초지(草地)에서는 앉거나 반듯하게 드러누워 미끄럼을 타면서 내려왔다. 그리하여 가장 가까운 목장까지 도착하는 데에는 저녁 6시부터 새벽 1시까지 꼬박 7시간이나 걸렸다.

물론 장거리 포복행군 같은 것은 연습한 적이 없었다. 다만 며칠밤을 계속해서 강행군을 할 수 있을 정도로 젊고 활기에 넘쳐 있었을 무렵 락스산을 하루 한 번씩 이틀 동안 두 번이나 넘어서 네 번의 등반과 한 번의 고원 도보 행군에 맞먹는 강행군을 한 적이 있었다. 우리는 지쳐빠진 다리를 질질 끌다시피하며 돌아와 밤기차를 타자마자 정신없이 쓰러졌다. 그러자 점잖은 체 하는 어른들이 '원 별 미친놈들 다 보겠군! 산이 뭐 밥먹여준다든가?' 하고 빈정거렸던 일이 있다. 그러나 나는 위급한 상황에 빠졌을 때 나를 죽음에서 구해줄 체력, 그 중에서도 끈질기고 악착같은 기력은 바로 이 같은 고된 훈련에 의해 축적된다는 사실을 굳게 믿고 있었던 것이다.

문헌적 지식 : 여기까지 읽은 젊은 알피니스트인 당신은 이미 정신력에 있어서 나와 같은 수준이 되었을 것이며, 체력만 단련하면 내가 겪었던 것과 같은 곤경에 처했을 때 나와 마찬가지로 스스로 살아날 수 있을 것이다. 또한 산악 문헌에 대한 정확한 지식은 모든 후배들에게 있어서도 매우 큰 에너지의 축적을 의미하게 된다. 선배들은 수백 수천의 후배들을 위해 새로운 가능성에 도전하며 업적을 쌓아놓았기 때문이다. 이미 '등산을 위한 자기수양'의 끝부분에서 말했지만 자기가 나아가야 할 루트라든가 산에 관하여 집필된 모든 출판물, 그밖의 알프스 관련문헌을 읽어둔다는 것은 실제로 여러가지 면에서 도움이 되는 일이다.

단시간의 고통 : 우리의 기억력은 두 가지 고통에 대해서 각각 다른 반응을 보인다. 사랑하는 사람을 잃은 고통, 행복과 희망이 좌절된 고통, 모처럼의 좋은 기회를 놓친 애석함, 창피를 당했던 기억, 모욕당했던 일 따위는 기억을 되새길 때마다 마음을 괴롭게 하고 그 기억이 뚜렷하면 뚜렷할수록 고통은 더욱 심해진다. 그러나 심한 두통이나 독감을 앓고난 다음, 또는 굶주림, 긴장과 고통이 따르는 장시간의 노동과 죽음의 공포, 신경을 긴장시키는 위험을 겪고난 다음에는 전혀 사정이 달라진다. 즉 그런 고통에서 벗어났다고 생각되는 순간 모든 고통은 흔적

도 남지 않고 사라진다. 이런 식으로 기억된 고통은 절대로
후유증이 없다. 물론 고통을 겪었다는 사실에 대한 기억은 언제
까지나 남지만 그러한 고통이 꼬리를 물고 지속되지는 않는다.
아니 오히려 당시의 고통을 이겨냈다는 사실에 의해서 기쁨까지
느끼게 되는 것이다.

　흙·물·대기·불의 4대 자연원소가 밀접하게 결합되고 또는
분리되어 인간이 누리는 기쁨 중에서도 가장 크고 놀라운 기쁨
을 이루고 있는 것같이 생각된다. 오랜 병환에서 회복된 사람만
이 시원한 음료수를 즐기듯 건강의 맛을 즐길 수 있다. 언제나
건강한 사람은 건강의 참맛을 느낄 겨를이 없다. 아슬아슬하게
죽음을 모면한 사람만이 살아있다는 것의 즐거움을 절실히 느낄
수 있는 것이다. 내가 여기에서 말하고 싶은 것은, 평소에는
아무렇지도 않게 생각되던 것이 새삼스럽게 그 가치가 재평가되
는 경우가 있으며, 또한 고통의 감각이 기억이라는 거울 속에서
는 쾌감으로 바뀌는 경우가 있다는 사실이다. 더구나 고통이
크고 무시무시한 것일수록 그것을 기억에 되살릴 때의 기쁨은
더욱 커진다. 여기에서는 순수하게 수동적인 고통만을 말했지
만, 이보다 훨씬 더 풍성하게 솟아나오는 보람찬 기쁨의 샘도
있다. 즉 스스로의 힘으로 이 어려운 고비를 뚫고 나왔다는
의식, 또는 그러한 힘든 고비를 사나이답게 견디어냈다고 하는

의식이다. 그 때 헛된 제자랑이라든가 목에 힘을 주고 점잔을
빼며, 잘난 체하는 태도, 또는 신명나게 수다를 떨면서 우쭐대는
태도 따위는 문제거리도 되지 않는다.

인생을 달관한 현명한 사람이라면 이러한 '마음의 법칙'을
나처럼 실제 인생살이에서 활용할 것이다. 이따금 고난과 고통
을 견디다 못해 차라리 포기하고말까 하는 생각이 들 때도 있었
지만 그 때마다 나 스스로 다짐했던 것이다. '조금만 더 참고
버티어보자. 조금만 참으면 그 대가로 즐거운 추억이라고 하는
높은 이자를 앞으로도 오랜 동안 받을 수 있을 것이 아닌가?'

분할해서 점령하라 : 대자연의 위력이라는 것은 인간의 미약한
힘과는 비교할 수도 없다. 산이 그 무시무시한 모습을 드러낼
때, 우리는 그 거친 자연 앞에서 우리의 무력함을 깨닫고 왜소
함을 인정하지 않을 수 없게 된다. 그러나 이렇게 주눅이 들
때는 다음과 같은 방법으로 마음에서 솟아나는 공포감을 극복할
수 있다. 즉 엄청난 과제를 여러 개의 자질구레한 것으로 분할
하면 되는 것이다.

'우선 저 넓은 차일바위까지만 올라가서 그 다음에 빙하골창
을 자세히 살펴보고, 안되면 돌아오기로 하자'는 식으로 생각하
고 그 다음에는 또 다시 '이번에는 저 벼랑틈새기(Chimney)를
타고 올라가보자' 라든가 또는 '산등성이를 타고 저 무시무시한

지레목(산잘림·斷層)까지만이라도 가보기로 하자. 그렇게 하면 적어도 다음번에는 올라갈 수 있을지 없을지 알 수 있겠지…….'하고 결심을 하는 것이다. 하산길의 곤란에 대해서는 아무 생각도 하지 않는 것이 좋다. 이런 식으로 조금씩 한 단계씩 끊어서 전진하는 방법은 유럽 이외의 산으로 원정을 갈 경우에는 더욱 의의가 있다. 왜냐하면 그런 산에서는 마치 우리의 알피니즘의 초기 무렵과 마찬가지로 산을 오르면 오를수록 장애와 난관이 갑절로 늘어나기 때문이다. 예컨대 에베레스트를 등반하는 경우에 바로 그러한 전진방법을 쓰는 것이다.

그렇다고 해서 번번이 그런 수법으로 자기 마음을 달랠 필요는 없다. 정말로 여러가지 과제를 작게 분할할 수 있는 경우도 흔히 있기 때문이다. 어느 해 늦가을 나는 동료 한 사람과 백운석으로 이루어진 묏봉우리를 오르기로 했었다. 그런데 빙판의 비탈에서 디딤턱(step)을 만드는데 많은 시간이 걸려, 늦가을의 짧은 해가 어느덧 기울기 시작해 자칫하다가는 한둔(bivouac) 이라도 해야힐 지경이 되었다. 그러나 한둔을 하기에는 너무나 날씨가 사나워 우리는 도중에 중단하고 산장으로 돌아왔다. 이튿날 아침 다시 새로 시작하여 전날 깎아놓은 계단같은 디딤턱을 밟고 올라가 한낮이 되기 전에 정상에 이르렀고, 하산할 때에는 여유있게 즐기면서 내려올 수 있었던 것이다.

또 한 번은 처음 오르는 산에서 몹시 가파른 된비알에 맞닥뜨렸는데, 더구나 그 곳은 너덜과 석비레(푸석돌이 많이 섞인 흙)로 이루어졌고 곳곳에 너럭바위도 솟아 있어서 앞 길이 전혀 보이지 않았다. 다행히 아주 위험한 그 곳을 헤쳐나가 정상에 올라간다 하더라도 두 번 다시 그 길로는 내려오고 싶지 않을 정도였다. 나는 밧줄도 갖고 있지 않았다. 그래서 얼마쯤 되돌아가서 다른 길을 통해 산등성이로 올라가 좀더 높은 곳에서 정상에 이르는 길을 찾아보았다. 그 곳은 시야가 넓게 트여 있어 그 험악한 너덜 위쪽으로 가로질러 가면 훨씬 수월하게 정상을 정복할 수 있을 것 같았다. 이렇게 하여 나는 리더를 따라가는 사람들처럼 편안함을 누릴 수 있었다. 잘 알다시피 남의 뒤를 따라가는 사람은 새로 길을 개척하는 사람보다 몇 십 배나 수월하게 마련이다. 그래서 나는 그 날 중으로 산기슭에서부터 공격을 개시하였고, 더구나 등정은 확실하다고 믿고 있었기 때문에 별로 흥분하는 일도 없이 차분하게 정상에 까지 오를 수 있었던 것이다.

목표를 정하라 : 사자의 엄청난 도약을 고양이의 잔걸음으로 분할하는 식의, 앞서 말한 방법은 아무래도 예외적인 것이라고 할 수밖에 없다. 우리같은 알피니스트는 속임수와 부추김에 놀아나는 어린아이들과는 다르기 때문이다. 더구나 자유롭고

대담한 행위, 우리에게 있어서 가장 귀중하고 고귀한 이 행위를 이렇게 불확실한 방법으로 하고 싶지는 않을 것이다. 따라서 나는 다음과 같이 충고하고 싶다. 즉 높고 가치있는 목표를 정하고 과제의 어려움과 자신의 능력을 적절히 비교해서 그 한 가지 목표를 향해 전력을 집중하라는 것이다. 이런 치열한 투쟁을 통하여 비로소 당신의 의지는 단련되며, 오히려 이렇게 하는 편이 성과 그 자체보다도 가치있는 일이라 할 수 있다.

당신의 마음 속 깊은 곳에는 수많은 샘이 숨겨져 있는데 어떤 목표를 향해 노력함으로써, 이들 샘에 갑자기 수많은 물길이 뚫려 폭넓은 에너지의 흐름이 줄기차게 흘러나와 그 목표에 이르게끔 되는 것이다.

미국의 스웨트 마덴과 플렌티스 말포드, R.W.트라인 같은 사람들은 의욕이 집중적으로 발휘되는 마력에 대해서 심오한 이론은 못되지만 상당히 검토할 가치가 있는 의견을 적극적으로 제시하고 있다. 더욱 뛰어난 것은 줄·뻬이요의 〈의지의 교육〉이다.

정상이라는 개념은 등산을 이렇게 순수한 스포츠로 생각하는 과정에서 생겨난 것이다. 왜냐하면 아름다운 경치만 감상하려는 경우에는 오히려 산등성이 중턱이 더 좋을 것이며, 정상에서라면 시야는 넓어지겠지만 매우 높고 먼 곳에서 내려다보게 되는

정상에 오름은 등산의 핵이다.

만큼 미적 감각을 만족시켜주기에는 부족할 것이다. 그러나 정상은 목표 그 자체이며 등산의 핵심이어서 무엇보다도 강한 상징적 가치를 지니고 있다. 등산을 스포츠라고 생각하지 않는 사람은 정상을 코 앞에 두고도 발길을 돌릴 것이다. 그렇지 않다면 자기와 남을 속이는 결과가 될 것이다. 극지(極地)의 경우에도 마찬가지이다. 극지는 과학의 목표가 아니라 스포츠적인 정복 목표였던 것이다.

등산스포츠가 진보, 발달함에 따라 산의 여러 부분까지도 그 정복의 대상으로 삼게 되었다. 예컨대 여러 산줄기의 등성이 라든가 벼랑 또는 특정한 벼랑틈새기(Chimney) 따위이다. 마치 정식으로 장기 대국을 하는 대신에 기막힌 묘수풀이를 하는 것과 마찬가지이다. 이렇게 해서 가장 이상적인 등반로 개척과 산마루넘기, 또는 등성이타기(縱走) 따위 방식이 새로 태어났 다. 그러나 항상 명확한 목표를 세워야 한다. 그 때 과시하기 위한 경쟁이 아닌 가장 순수한 형태의 스포츠, 성격을 단련하는 스포츠에 전력을 기울인다는 사실을 의식해야 한다.

지칠 줄 모르는 의지 : 알피니스트를 자처하는 사람들은 두 가지 의지를 갖추고 있어야 한다. 어떠한 난관을 돌파하기 위해 서는 마치 렌즈처럼 우리가 지닌 능력의 빛을 하나의 초점으로 모아야만 할 때가 있다. 그러나 무엇보다도 중요한 것은 우리의 의지라는 활을 오랜 시간 팽팽하게 당기고 있어야 하며 12시간 또는 20시간, 때로는 몇 날 며칠밤을 끈질기게 버티고, 강한 의지와 강도 높은 훈련으로 우리가 지닌 능력을 최고의 절정으 로까지 끌어올릴 수 있어야 한다는 사실이다. 우리가 「험난한 사태」에 직면해서 악전고투하고 있을 때는 설상가상으로 기상의 변화가 온갖 시련을 안겨준다. 이를테면 뜨겁게 내리 쬐는 햇빛 과 심한 갈증, 손가락이 떨어져나가는 것 같은 추위, 휘몰아치는 재넘이바람, 눈도 뜰 수 없는 눈보라 따위이다.

이러한 시련에 견디어낼 수 있는 의지를 키울 기회는 일상생활에도 많이 있는데 이는 타성적인 습관에서 과감하게 벗어나기만 하면 되는 것이다. 습관은 확실히 편리한 것이기는 하다. 습관 덕분에 우리는 자질구레한 일을 기계적으로 처리할 수 있으며 쓸데없는 일에 골머리를 썩히는 헛수고를 덜 수 있으나 일단 습관에만 의존하게 되면 이미 당신은 자신의 모든 행동의 노예가 되는 것이나 다름없다. 카이저링(Hermann Keyserling, 1880~1946)도 분명히 말하고 있다.

'좋은 습관이라는 것은 없다……. 자발적인 창조 대신에 기계 작업이 등장한다. 기계를 파괴한 사람만이 거기서 빠져나와 조물주에게 돌아가는 길을 다시 찾아낼 수 있을 것이다.' 나는 이 말에 다시 다음과 같이 덧붙이고 싶다. '자유롭고 강력한 의욕에 이르는 길도 역시 마찬가지이다.'

나는 두 번씩이나 담배를 피우는 습관을 들였다. (그리고 두 번 끊었다.) 두번째는 이 습관의 사슬에서 해방되어야 하겠다는 굳은 결심으로 담배를 끊었던 것이다. 술을 끊은 것은 의지를 시험해 보기 위해서가 아니라 다른 사람을 위해서였다. 정신의 노화를 방지하기 위해서 40세가 된 다음에 새로 글씨공부를 시작했는데 오랫동안 지속적으로 계속된 효과는 매우 큰 것이었다. 일을 하거나 도보여행을 하면서 36시간 이상 단식을

하는 것도 극기심을 기르는 데에 좋기는 하겠지만 어려운 방법
이다.

투쟁 : 스포츠 감정이라든가 스포츠적 노력에 인연이 없는
사람은 등산문헌에 산과의 투쟁이나 정복이라는 말, 또는 죽음
의 위기에 몰렸다는 표현이 자주 나오는 것을 보고 품격이 없다
는 등의 말을 하면서 흔히들 비웃는다. 그러나 이것은 분명히
인간의 심리적 욕구의 표현이다. 높은 산에서 일어나는 여러가
지 사건이라든가 어떤 특정한 산 또는 등반로에서 마주치게
될 자연의 장애와 위험 따위는 그 하나하나를 들고 보면 아무
것도 아닐 것이다. 하지만 이러한 위험과 장애를 차례차례 체험
하고 그것의 힘을 분명히 보게 되면 그것은 하나의 전체상(全體
像)으로서 절실하게 느껴진다. 그리고 우리 선조들의 신화를
만들어낸 공상력이 위협적인 겨울의 여러가지 장애를 '두려운
얼음의 거인(동장군)' 이라는 이미지로 의인화(擬人化)한 것과
마찬가지로 수많은 장애와 기본적 위험의 전체상을 '산의 거
인'이라는 상징으로 탄생시킨 것이다. 그 거인의 금단의 영역에
당신이 대담하게 침입했기 때문에, 거인의 미움을 사서 눈보라
나 낙석 그밖의 무기로 위협을 받게 되는 것이다. 그런데 당신
은 그 위협에 맞서서, 엄청난 힘이 있긴 하지만 어리숙한 그
거인을 속여서 물리치고 당신 자신의 강력한 의지를 관철시키는

204

것이다. 이러한 비유를 사용함으로써 우리는 우리보다 훨씬 위력이 강한 자연력을 왜소화시키고, 무모할 정도로 과감한 우리의 계획·속의 두려움을 제거하는 것이다. 왜냐하면 그렇게 함으로써 우리는 비로소 적대자와 그럭저럭 균형을 유지할 수 있기 때문이다. 한 쪽이 앞뒤를 가리지 않는 광폭(狂暴)한 분노라면, 또 한편은 무진장한 술책과 용감무쌍한 투지인 것이다.

이렇게 해서 이 의인화는 우리 자신을 강화시키기 위한 심리적 보조수단을 제공해 준다. 그렇다고 해도 실상 별로 대단한 것은 못되지만……. 왜냐하면 만약 우리가 우리를 노리고 있는 것도 아닌 대상을 정복, 타도하고 진짜로 승리의 환성을 올리기라도 한다면, 원래가 균형이 맞지 않는 판이었으니까 모처럼의 전과는 그야말로 어처구니없는 것이 되고 만다. 더구나 이러한 의인화는 실상 최근에 시작된 것으로, 오늘날 '하나하나의 독립된 산'이라는 개념은 이같은 의인화라는 관념에서 나온 것이다. 이를테면 산맥을 '타우어른(Tauern) — 재넘이'이라고 부른다거나 '티롤리슈 알펜(Tirolisch Alpen)' 즉 '티롤의 고산목장'이라고 부르게 된 것은 아주 오래된 옛날부터가 아니다. 우리 인간이 이른바 본래의 산과 분리시켜 생각하고 마치 독립된 개인과 같은 이름을 부여한 뭇봉우리는, 옛날 그 산 밑 골짜기에서 살던 사람들에게는 산맥이라는 불가항력적 벽위에 솟은 혹이나

205

사마귀처럼 생각되었을 뿐일 것이다.

앞서 말한 '투쟁'에서 산에 대한 개인적인 애착이 생겨날 수도 있다. 대상이 되는 산을 샅샅이 누벼 모든 것을 알고 싶다는 충동, 그 일에 전력을 쏟겠다는 충동이 강하게 샘솟을 수 있다. 그리하여 전혀 올라가본 일이 없는 산을 '처녀봉'이라고 이름짓게 되는데, 그러다가 막판에 가서 그 처녀봉을 정복했다는 식의 발상을 한다는 것은 마음을 살찌게 한다기보다는 추잡한 생각이라고 하겠다. 그런 추잡한 생각을 하는 사람들에게 묻겠는데, 오늘날 처녀봉이 거의 남아있지 않고 수많은 알피니스트에 의해 정복된 마당에 산을 창녀라고 보아야 한단 말인가 아니면 바람난 과부라고 보아야 한단 말인가?

공명심 : 우리가 사용하는 투박한 언어 중에는 같은 말이면서도 여러가지 다른 뜻이나 도덕적 가치를 지닌 말이 있다. 이 공명심이란 말 역시 애석하지만 그런 것 중의 하나이다. 클라이스트(Ewald Christian von Kleist, 1715~1759)가 공명심을 비판하고 있는 한편, 클로프슈톡크(Friedrich Gottlieb Klopstock, 1724~1803)는 공명심을 찬양하는 시를 쓰고 있다. 또한 슈타이니츠(Wilhelm Steinitz, 1836~1900)와 그의 라이벌 사이에서 벌어진 스포츠와 문화에 관한 오랜 논쟁의 경우에도, 슈타이니츠가 공명심이란 것은 반문화적(反文化的)이라고 낙인찍은 것과

는 달리 그의 라이벌은 이를 찬미하여 그들 사이에서는 온갖 것이 모두 정반대가 되었다.

공명심이란 무엇일까?

① 우리는 이것을 마치 우리가 무수한 자연력을 정복한 경우와 마찬가지로, 산의 곤란과 위험을 인간의 에너지와 정신으로 정복해야 한다는 인류의 명예로운 사명이라고 간주하고 싶다. 이 '명예'를 '갈망'하여 우리는 인류의 선두에 서서 투쟁한다. 발이 있는 인간이 산에 오를 수 없다는 것은 인류의 명예가 걸린 문제라고 보는 것이다.

② 자신의 능력을 향상시키려는 지극히 정당한 노력을 거듭하면서 주위를 둘러보면, 자기보다 훨씬 앞선 성과를 올리고 있는 사람도 있음을 알게 된다. 상대 역시 초인도 아무 것도 아니며 자신과 똑같은 인간이기 때문에 자기에게도 똑같은 힘이 잠재되어 있을 것이라고 본다. 마치 체조를 배우려는 학생이 지도교사와 겨루듯이 자신의 명예를 걸고 강한 의욕과 극기심 또는 끊임없는 과학적 훈련으로 상대방과 똑같은 정도, 혹은 그 이상이 되려고 할 것이다.

개성이라는 것이 어느 정도 인정되고 집단에 대해서 자신의 존재를 주장하는 시대에는 이런 종류의 '공명심'은 행동을 위한 강렬한 자극이 된다. 내가 말하고 있는 것은 이 두 가지 공명심인데, 나는 이것을 테일러 시스템 속에 강렬한 실행을 위한 자극제로 수용하고 싶다. 개인적 명예욕이라 해도 결코 비난받을 만한 것은 아니다. '자연에 의해 부여된 모든 재능과 자질을 최대한으로 신장시키라'는 인간 지상의 윤리적 사명을 실행하고 있을 따름이다.

③ 자신의 공정한 판단을 행위의 유일한 기준으로 하지 않고 또 산을 자기의 역량을 측정하는 척도로 삼지 않은 채 믿을 수 없고 변덕스러운 청중(혹은 자기가 집필한 기록의 독자)의 박수 갈채를 받아 '명예'를 차지하려는 개인적 공명심은 사도(邪道)에 빠져 참담한 꼴이 될 것이다. 무슨 수를 써서든지 박수 갈채를 받고 관중들에게서 존경받고 인기를 얻고 싶다는 기분은 스포츠맨에게서 가끔 볼 수 있는 일이다. 물론 이러한 기분이 당신을 피가 끓도록 자극하여 크나큰 성과를 올리게 하는 일도 없지는 않을 것이다. 그러나 이런 경우 당신은 끊임없이 채찍을 맞아야 하는 처량한 한 마리의 경마용 말이 되어 신이 주는 최대의 선물인 마음의 자유를 잃어버릴 것이다. 라이벌과 싸우는 대신 산이나 자연의 위력과 싸울 수 있다는 것이 등산의 고상한 점이다.

공명심에 대한 나의 사고방식은 니체에 이은 위대한 개인주의의 선포자 칼라일(Thomas Carlyle, 1795~1881)이 〈영웅과 영웅

숭배〉에서 서술한 생각과 주요한 점에서 일치되고 있음을 기쁘게 생각한다.

공명심에는 두 가지가 있다. 하나는 철저하게 규탄받아 마땅한 것이며 또 하나는 의당 칭찬받아야 하고 불가피한 것이다. 다른 사람을 능가하겠다는 자존·자만의 욕망은 비천하고 딱한 것으로서 단호히 배격되어야 한다. 그럼에도 불구하고 자기가 타고난 역량에 알맞게 자신의 능력을 향상시키고 자연에 의해 부여된 것을 표현하고 완성하고 싶다는 억누를 수 없는 충동을 누구나 갖고 있다. 이것은 올바른 일이며 정당하고 불가피한 일이다. 아니 의무, 인간 의무의 진수(眞髓)라고도 할 수 있다. 이 세상을 살아가는 인생의 의의도 이 한 점에 달려있는 것이어서 요약하면 자아를 발전시켜 자신의 능력에 어울리는 성과를 올리는 것, 그것이 인생의 보람이다.

심술 사나운 독설가(毒舌家)가 마치 마술이라도 부리듯 교묘하게 공명심의 첫번째와 두번째를 세번째로 바꿔치기 하면서 당신을 고약한 공명심의 화신이라고 비난하더라도, 결코 귀기울이지 말고 좋은 의미의 공명심을 권하고 촉구하는 소리만 들어야 한다. 만약 독설가가 당신을 거만하다고 책망한다면 그 때는 헤벨(Christian Friedrich Hebbel, 1813~1863)의 다음과 같은 말로 대답하는 것이 좋으리라.

인간은 여러가지 많은 미덕을 만들어왔지만 그 중에서도 가장 기묘한 것은 겸손이라는 미덕이다. 별볼일 없는 사람이 '나는 별볼일 없는 사람입니다' 라고 말했다 해서 뭐 달라질 것이라도 있겠는가? (〈일기〉 1843. 10. 19.)

'너 자신을 알라'는 말을 유일한 지표로 삼고 있는 우리 진리의 탐구자들은 자기가 어느 정도의 일을 해낼 수 있고 어느 정도의 인내력을 갖고 있는가를 잘 알고 있다. 그러나 동시에 우리의 능력으로는 도저히 가까이 갈 수 없는 넓은 영역에 대해서도 잘 알고 있기 때문에, 우리는 정정당당하게 아무런 허세나 가식도 없이 '제 분수'를 알 수 있는 것이다. 속임수로 겸손을 가장할 틈이 있으면, 차라리 자신이 거둔 성과를 자신의 최초의 의도 즉 주관적 이상이나 자신이 이루었어야만 할 성과, 시대의 요청, 시대적 사명 즉 객관적 이상과 비교·검토하는 것이 바람직하다.

이 두 개의 묏봉우리같은 이상이 자신이 도달한 지점보다 훨씬 위쪽에 가우리 산카르(Gauri Sankar 7,145 m) 봉처럼 높이 솟아있음을 알아차리지 못하는 사람은 어지간히 바보라고 보아야 한다.

동반자 : 이것은 양날의 칼과도 같은 것이다. 훌륭한 동반자는 다시없는 도움이 되며 그렇지 못한 동반자는 더 이상 없는 골칫

가우리 산카르봉

거리가 된다. 이 문제에 대해서는 심리학적으로 다룬 책을 한 권 쓰고 싶을 정도이다. 그러나 서로 개성이 끔찍스러울 정도로 차이가 나는 현대인으로서는 완전히 마음에 맞는 동반자를 구한 다는 것은 복권에 1등 당첨하는 것만큼이나 어려운 일이기 때문 에 일일이 충고를 할 필요는 없다. 따라서 여기에서는 두세 가지 주의점을 말하는 정도로 그치자. 등산을 혼자서 하는 것과 뛰어난 등산가 또는 전문적인 직업적 길잡이와 함께 하는 것, 또는 약간 수준이 낮은 동반자와 함께 가는 것은 이 세 사람 모두에게 완전히 다른 경험, 다른 일이 되기 때문에 상호비교란 전혀 불가능하다.

　상대방의 발밑이나 동작에 주의를 기울이고 상대방을 충실하 게 지켜보면서, 또한 서로 연결된 밧줄이 팽팽히 당겨지는 것을 경계하면서 고생이 될 때는 서로 격려하고 위로해 주고, 빙하 위에서 한둔을 할 때 서로 몸을 바짝 붙여 서로의 체온으로 몸을 녹여줄 수 있다면 이 두 사람은 그들의 협동에서 무한한 도움을 얻고 있는 것이다. 뿐만 아니라 마치 한몸이 된 것처럼, 구태여 긴 말하지 않고 이따금 짧은 말만으로도 의사전달을 할 수 있는 동료와 등반할 때도 마찬가지이다. 또한 그렇게 함으로써 비약적인 성과를 올릴 수 있을 것이다. 당신이 동료보다도 20m나 높은 곳을 오르고 있는데 동료는 당신에게 아무런 도움도 되지 않고 당신이 추락하더라도 도저히 구해줄 것 같지 않을 경우에도, 당신과 당신의 동료를 이어주는 밧줄을 통해서는 무언가 신비적인 힘이 전달되어 공동의 이익을 위해 최후의 힘까지 발휘하게 된다.

그런데 고산지대에서 무능한 동반자 이상으로 위험한 경우는 다시 없다. 당신이 가장 어려운 난관을 신경을 곤두세워 오르고 있는 판에 느닷없이 등 뒤에서 밧줄이 확 당겨질 위험이 닥칠지도 모른나. 당신의 동료가 전진을 지연시켰기 때문에 그 동안에 빙하의 골창이나 빙벽의 눈이 녹아서 무너져내릴지도 모르고 더욱이 안개에 휩싸이거나 비바람이 휘몰아치고 어둠이 닥칠지도 모른다.

그리고 또 한가지, 당신의 마음은 나름대로의 특유한 리듬을 갖고 있는 것이다. 동반자의 마음이 리듬을 잃는다든가 당신의 리듬과 진폭(振幅)이나 주기(周期)가 두드러지게 차이가 난다면 참으로 곤란한 일이다. 동료가 쓸데없는 수다를 떨거나 재담을 한답시고 너스레를 떨어 정상에서 모처럼 갖게 된 귀중한 시간을 낭비하게 한다든가, 또는 힘이 들고 고생스럽다느니 날씨가 좋지 않다느니 하면서 아무 소용도 없는 푸념을 늘어놓아 당신의 기분을 울적하게 만들고 또 산의 기쁨을 흠가게 한다면 어떻게 될까? 혹은 또 공연스레 엇나가는 소리나 하고 당신이 하는 말에 일일이 반대를 하면서 고집을 부리고 자신의 허약한 신경이라든가 불안을 얼버무리려 할 때, 즉 신경질적인 푸념장이와 함께 간다면 그 곤욕은 이루 말할 수 없을 것이다. 그렇게 되면 한시 바삐 헤어지는 것이 상수이다. 산 위처럼 광활한 천지를 한눈에 볼 수 있는 곳에서는 구질구질한 정신적 우리 속에 갇혀 지낼 필요가 전혀 없는 것이다.

만약 당신이 세련된 미식가이고 인생에 달관한 사람이라면 실상 한 가지 더 알려드리고 싶은 요리법이 있다. 상대방을 투정부리는 어린애처럼 너그럽게 보아넘겨 줄 수만 있다면 그의 못마땅한 행동을 참고 견딜 수도 있을 것이다. 길을 가는 도중에 상대방이 알게 모르게 조심스럽게 지켜 보아주고 도움을 요청받았을 때는 적절하게, 마치 당연한 것처럼 상대방의 뛰어난 능력을 칭찬해 주기도 해야 한다. 그리고 허기지고 피로해서 짜증을 내며 당신에게 불평하기 시작하면 진지하게 미안하다는 표정을 짓고 너그럽게 대해주어야 한다. 그렇게만 하면 그도 역시 모든 불평 불만을 삭이고 만족해 할 것이다. 이렇게만 되면 당신은 당신대로 이 세상에서 가장 멋진 등반의 참맛을 볼 수 있게 되는 것이다.

여러분은 어쩌면 불만을 느낄지도 모른다. 그렇다면 그 자랑스러운 무상(無償)의 희생정신은 어디로 갔는가, 사랑은 어디로 갔는가 하고.

앞으로는 등산 도중에 친절과 관용을 베풀어주는 사람이 있으면 누구나 그를 곁눈으로 흘겨보면서 '저 사람은 나를 하찮게 보고 데리고 놀려고 드는군' 하고 생각할지도 모른다. 인생의 달인(達人)이라는 사람들이 하는 일은 대체로 이런 결과가 되는 것이다.

나는 결코 쓸데없는 우스갯소리로 이 글을 끝내려는 것이 아니다. 그러면 다음 시대를 이어갈 훌륭하고 사회의식도 강한 청소년 여러분들이 내가 그들의 이상을 이해하지 못한다고 할지 모른다. 솔직히 말하면 나와 그들 세대와의 사이에 가로놓인 뛰어넘을 수 없는 간격을 이미 몇 해 전부터 분명히 의식하게 되어 가슴아프게 생각하고 있다. 더구나 나에게는 새로운 공동

어린 시절의 여행은 수양의 밑거름이 된다.

사회가 안고 있는 문제가 분명하게 보이고 있다. 터놓고 말하는 이야기로 들은 바에 의하면 알피니스트들이 유럽 이외의 지역으로 원정을 가서 마치 멍에를 진 소나 노예선의 노예처럼 몇 달씩이나 같은 천막에 살면서, 똑같은 운명에 처해서 서로가 희생과 고통에 시달리며 지옥같이 비참한 상황이 벌어질 때도 있다는 것이다. 시대의 사조가 앞으로 인간에게 부과하게 될 무서운 문제는 바로 다음과 같은 점일 것이다. 즉 인간이 자기들의 신경이나 이기주의의 노예이기를 감수(甘受)할 것인가, 아니면 스스로 공공심(公共心)과 사랑의 희생물이 되겠는가 하는 점이다.

그런데 새로운 세대의 젊은이들은 이미 어린 시절부터 또는 꽃다운 처녀나 씩씩한 젊은이로 자랐을 때 부드럽고 착한 마음을 고이 지닌 채 몇 주일에 걸치는 반더포겔 여행에 함께 나서거나 유스호스텔에 몇 달씩 머물면서 서로 친해진다. 이러한 것을 통해 서로 즐기면서 자기계발과 상호계발을 하여, 진실로 사회적인 의식과 협동정신을 가꾸어 공동사회의 성원으로 성장해나가는 것이다. 그러는 가운데 그들이 흡수하는 것, 즉 신선한 공기와 밝은 햇빛, 육체를 단련하는 운동, 아름다운 자연경관, 향토사와 민속학, 생물학과 실제적인 감각 등—이들은 물론 매우 멋진 것이고 장차 풍성한 열매를 맺을 것임에 틀림없지만 동료들을 위해 스스로 희생이 되는 정도까지 자기수양을 쌓는다는 것과 비교하면 아무래도 처지는 일일 것이다.

그러나 피와 증오로 말미암아 당장이라도 질식할 것만 같은 이 세계를, 모든 것을 잠식하는 이기주의에서 구출해내기 위해서는 이 방법 이외에는 없음이 분명하지 않은가? 젊은이들은 함께 단체여행을 하고, 같은 천막에서 침식을 함께 하면서 자기희생적인 이웃사랑, 박애정신에 넘치는 우호증진의 길을 모색하는 것이다. 여러분도 자녀들에게 이 길을 터주고 이 같은 서클활동에 적극적으로 참가하게 해 주기를 바란다. 그러나 이것을 여러분의 노후한 구시대의 정치, 불행한 증오로 얼룩진 정신으로 오염시키지 말고 그들의 자율에 맡겨 그들이 공동사회에서 새로운 생활양식을 발견할 수 있도록 이끌어 주어야 할 것이다.

에필로그

—알프스 등반기록과 진실

> 진리가 무엇이냐?
> — Pontius Pilate — (요한복음 18장38절)

　어째서 이렇게도 많은 알프스 등반기록이 발표되는 것일까? 그 이유는 그렇게도 많은 사실이 강연을 통해, 그리고 글로 기록되어 영원히 남겨질 것을 바라고 있기 때문이다. 그러나 이렇게까지 등산 저널리즘이 번성하지 않는 시대였다면 무수한 등산단체라든가 산악회가 그 발표욕을 충족시키기 위해서 강연 이외의 방법이 있을 리가 없다. 그 강연에 모인 청중이 갖는 공상의 날개에는 다소 차이는 있겠지만 즐겁고 멋지고 거친 모험의 세계라든가 자신의 소중한 추억의 등산을 누비며 펼쳐질 것이다.

그러나 기록을 남기고 싶다는 이러한 충동은 좀더 깊은 근거를 갖고 있다. 요컨대 모든 산행은 바로 체험된 예술작품이며 말하자면 이미 예술적으로 형성된 소재 바로 그것이다. 더구나 이런 것은 고되고 위험하여 모험에 가득찬 산행의 경우를 두고 할 수 있는 말이며, 그 중에서도 특히 탐험여행의 경우는 더욱 그렇다. 등반에 이어 정상에서의 휴식과 하산(하산 역시 등반 못지않는 긴장이 따르는 것이며 풍성한 체험을 안겨주는 것이다)이라는 연속된 과정은 얼마나 멋진 리듬인가? 조용하던 서사시가 성난 파도같이 솟구쳐오르는 드라마로 바뀌며 다음에는 감미롭고 장엄한 정상의 서정시로 옮겨졌다가 이어 또다른 치열하고 처절한 격투와 고투가 이어지고 마지막에는 서사적이고 서정적인 피날레를 장식한다. 화려하고도 예술적인 감흥을 주면서 몇 개의 막(幕)으로 확연하게 구분된 체험은 실상 하나하나 여러가지 부분적 목표나 투쟁과 유기적으로 이어져있다. 이를테면 빙하와 빙히턱의 골창(Schrund) 및 빙하골창, 산등성이 또는 누에머리(山勢가 누에 대가리 모양으로 쑥 솟은 산꼭대기)바위와 엇비뚜름하게 가로솟은 바위턱, 끝나는가 하면 다시 이어지는 벼랑 틈새기(Chimney)가 무대가 되고 현장이 된다. 그리고 그곳에서 진정한 드라마의 주역으로서 싸우고 고뇌하고 도취하는 인간이 등장한다. 체스판 위에는 유기적 연관에서 벗어난 말이 단 하나도 없는 것처럼, 한 명 또는 네 명의 등장인물이 호메로스(Homeros)의 무대에서처럼 등장하여 투쟁하며 생명을 위협하는 고통과 위험을 극복하여 마침내 승리와 환희의 피날레를 맞이할 때까지 사건이 진행된다. 더구나 동화에 나타나는 악마처럼 참으로 드라마틱한 상대역이 나타난다. 즉 마녀처럼 몸을 숨기고 엿보고 있는 빙하턱의 골창, 바위를 들어올려 메어꽂는 거인같은 너럭바위, 요정처럼 사악한 눈사태, 성난 거인같이 날뛰는 눈보라, 마귀처럼 낙석사태를 일으키는 중력, 마술사처럼 사람의 머리를 혼란시키는 어지럼증, 주피터를 섬기는 친위대같은 번개, 워든〈Woden 또는 Odin:북유럽 신화(神話) 신〉의 사자(使者)인 까마귀처럼 자취없이 다가오는 어둠의 안개, 그리고 또 교활하고 현명하게 정상을 향해서 굽이굽이 휘돌아오르는 새로 찾아낸 등반로도 참으로 절묘한 예술작품이다. 대담하면서도 공상적인 등반계획과 빈틈없는 산악지식, 강철같은 의지력으로 조화와 통일의 화폭(畵幅)을 그려낸 황홀한 예술작품이다. 전에 이미 개척한 등반로라 할지라도 계절이 바뀌고 해가 바뀌면 자연의 힘에 의해 여러모로 그 모습이 변하기 때문에, 그 등반로를 따라서 가는 산행도 역시 예술성을 띠게 마련이다.

　대부분의 알피니스트들은 자기가 고생스럽게 끝낸 산행은

그 자체가 무언가 미적인 산행이었다는 막연하지만 올바른 감정을 품게 된다. 하지만 그것은 한 때의 체험으로 마음 한 구석을 스쳐지나갈 뿐이다. 수많은 아름다운 보석과 멋진 그림들이 마구 뒤섞여 무질서하게 회상의 마음갈피 속에 잠들어있는 것이다. 이러한 것이 입을 통해 발표되는 강연은 아무래도 두서가 없게 마련이고, 글로써 표현될 때야 비로소 깊이 숨어 있던 예술성이 집필자와 독자들에 의해 읽히고 평가받을 수 있게 되는 것이다. 나는 이 자리에서 언어의 수식(修飾)이나 문장의 기교(技巧)에 구애되지 않고, 가장 단순한 형태로 이 체험의 양식적(樣式的) 구조만을 고찰하기로 한다.

우리의 등산체험 깊은 곳에서 잠자고 있는 예술성, 저 동화 속의 백설공주처럼 오랜 잠에 깊이 빠져들어간 예술성을 일깨워주어야 한다. 연사라든가 필자는 그것을 자신의 눈으로 확인하고 찾아내어, 순수한 그대로 모든 사람에게 이해시켜야만 한다. 과장이나 가식이 없이 순수하게, 그리고 자기나름의 독자성을 갖되, 통속적·대중적인 인기를 구하려 해서는 안된다. 그런 일을 해낼 수 있는 사람은 몇 명 되지 않는다. 그래서 파울케(Paulke 〈알프스의 위험〉 서문 필자)라든가 헨리 후크(Henry Hook 〈산과 등산에 대해서〉 필자)와 같은 가혹한 비판이 나오게 되는 것이다. 헨리 후크는 그 저서에서 다음과 같이 말하고 있다.

알프스문학이라는 것을 한번 보라. 예술적 정서에 호소하는 섬세함이라든가 고상한 감수성 따위는 아무데서도 찾아볼 수 없다. 오직 인간적인 나약함을 드러내는 수다스러운 푸념과 상투적인 표현만이 가득 차 있을 뿐이다.

좌충우돌, 닥치는 대로 마구 후려치는 것같은 이러한 필봉(筆鋒)은 매섭기 짝이 없다. 1860년대에서 1880년대에 이르기까지는 오랫동안 가리고 추리며 찾아본 결과 비로소 알프스 관련 문헌중에서 몇 편의 주옥 같은 명문을 찾을 수 있을 정도였다. 그러나 요즈음은 그 내용과 형식에 있어서 높은 수준을 유지하고 있는 논문이나 적어도 그런 글의 일부분이라도 구해서 읽기는 별로 어렵지 않게 되었다. 하지만 쓰레기나 잡동사니도 우리의 잡지에 수두룩하게 섞여있다. 그래서 후크는 준엄하게 다음과 같이 요구한다.

「우리는 예술을 추구하고 있다. 우리의 영혼 그 깊은 곳까지 울려주는 것은 오직 예술뿐이다.」

나 역시 35년 전에 '우리의 등반기록 역시 예술적인 묘사가 요구된다. 투박하고 엉성한 솜씨는 용인될 수 없다'고 주장했지만 후크에게 박수를 보낼 수 있는 사람은 나같은 사람만으로 한정될 것 같다. 수많은 편집자들이 원고를 필요로 하고 무수한

필수적인 산행의 기록

젊은 알피니스트들은 또 글을 쓰고 싶어하지만, 실제로는 가장 공들여 쓴 것, 가장 수준높은 것만을 가려서 싣도록 해야 할 것이다. 인생을 가볍게 보아서는 안된다. 펜을 들고도 고생을 해야만 한다. 고생이야 피켈을 들고 등산화를 신고 산에 갔을 때 이미 겪어서 단련이 된 것 아닌가?

후크는 목이 몹시 말랐다든가 장갑을 잃어버렸다든가 하는 자질구레한 묘사는 하찮고 쓸데없는 것이라고 나무라고 있다. 그래서 문제는 묘사의 방법이나 묘사에 생명을 불어넣는 방법으로 압축된다. 장 파울(Jean Paul 본명 Johann Paul Friedrich Richter, 1763~1825)은 쓰레기같은 세상일을 그처럼 기막히게 금박으로 치장하지 않았는가? 이 밖에도 스턴(Laurence Sterne, 1713~1768)이라든가 디킨스(Charles Dickens, 1812~1870), 라베(Wilhelm Raabe, 1831~1910) 또는 페터 알텐베르크(Peter Altenberg, 1859~1919)나 고르키(Maksim Gorki 본명 Peshkov Aleksei Maksimovich, 1868~1936) 등의 예만 보아도 분명히 알 수 있다.

또한 졸라(Emile Zola, 1840~1902)는 수천의 진부한 것을 쌓아올려서 전세계를 놀라게 할 정도의 상징의 세계를 이룩했던 것이다. 산행 전날밤은 한잠도 못잤다든가 배낭에 넣어두었던 음식이 모두 쉬어버렸다든가 하는 시시한 일로 독자를 괴롭히는 것은 일방적인 강요이며 악취미이다. 그 다음 힘든 고비에서 최대한의 힘을 발휘해야 할 경우에 그것이 원인이 되어 신경이 먼저 지쳐버린다면 어떻게 할 것인가? 그렇게 되면 고난을 헤치고 목표를 이룰 수는 없지 않은가? 글을 쓰는 사람은 얼핏 보기에는 전혀 무의미하게 보이는 것을 유기적으로 정리해서 크나큰 전체로 파악하지 않으면 안된다. 형성할 이것은 육체적, 스포츠 기술적 행위의 묘사에 대해서도 마찬가지이다. 독자의 상상력을 무한히 발휘하게 하며 직관력에 호소하여 독자에게 고통마저 안겨주고, 그의 등줄기를 오싹하게 만들 정도의 필력(筆力)을 갖춘 사람만이 펜을 들 자격이 있다고 할 수 있다. 다시 말하자면 마치 생체해부를 한 개구리의 꿈틀거리고 있는 근육조직을 집어내듯이, 등반기술이나 빙설기술, 불안정한 밧줄등반에서 정신적인 것을 끌어낼 수 있는 사람만이 자격이 있는 것이다. 다만 주의해야 할 것은 결코 대중적인 것, 통속적인 것에 빠져들지는 말아야 하며, 사탕발림식의 이상주의라든가 어중간한 '보편적 인도주의'를 따라서도 안될 것이다.

그러나 후크는 이러한 예술적 탐구를 지나칠 정도로 첨예화 (尖銳化)시키고 있다.

시의 영역에 일단 발을 들여놓으면 진리의 개념은 시적 진실이라는 개념으로까지 확장된다. 거기서는 단 하나의 최고의 원리 즉, 미(美)가 인식되는 것이다. 그리고 집필이 가능하게 되었을 때에는 사실성이라는 평면을 떠나서 자유로운 창조자로서 공상의 산을 오르는 것이 허용되는 것이다. 실제로 존재하는 것만이 표현의 대상이 되어야 한다는 말은 인정될 수 없다. 고차원적(高次元的) 의미에 있어서 진실된 것, 인간에게 있어서 진실된 것만이 표현되어야 한다.

확실히 예술가는—순수예술가는 이렇게 말하고 행동하는 것이 허용되며 또한 그렇게 하지 않으면 안된다. 시대의 흐름 속에서 자연주의의 풍조가 쇠퇴하고 창조적 정신이 주도권을 잡았을 경우에는 언제건 이 승리의 팡파르가 울리는 것이다. 그리고 눈부신 무지개 빛이 휘황찬란하게 빛나기 시작한다.

따라서 예술은 현실을 떠나서 순수하게 관념화할 때만 비로소 진실이 될 수 있는 것이다.

1893년 내가 알프스문학은 예술의 차원으로 승화되어야 한다고 주장했을 무렵은 때마침 자연주의 문학사조의 전성기였다. 이미 그 무렵 우리들 선구자들은 도스토예프스키(Fydor Mik-hailovich Dostoevskii, 1821~1881)라든가 스트린트베르크(August Strindberg, 1849~1912) 또는 햄슨(Kunt Hamsun, 1859~1952) 등으로부터 보다 강력하고 정신적인 예술이 싹트고 있음을 알아차리고 있었다. 그런데 이제는 문학과 회화와 조각의 정신이 너무나도 방종하게 가혹한 현실을 초월해 버리고 있는 것이다.

나는 전에 우선 첫째로 형성되고 있는 미에서 모든 질곡(桎梏)을 제거하려했다(바라기만 했을 뿐 실행하지는 못했다). 그래서 지금은 두번째 질곡 즉 '진실'을 바라지 않을 수 없게 된 것이다.

고산지대를 무대로 하여 만들어진 소설이나 이야기·스케치·그리고 영화와 얼마 후에는 틀림없이 나타나리라고 생각되는 알프스를 주제로 하는 연극 따위를 좁은 의미의 알프스문학에 포함시키는 것을 우리는 분명히 거부한다.

어느날 커피숍에 앉아서 무심코 어떤 신문의 문예란을 보니 '만년설의 대기 속에서, E. G. 라머'라는 글이 눈에 띄었다.

도저히 참을 수 없었던 나는 바로 그 신문사의 편집자를 찾아가서 엄중한 항의를 했다. 표절했다는 데에 화가 난 것이 아니다. 그런 식으로 제목을 달게 되면 아무것도 모르는 독자는 그 글을 순전히 문학작품이라고만 생각할 뿐, 그것이 나의 심장의 피, 뜨거운 피로 씌어진 실체험의 진실한 기록이라고는 생각하지 않을 것이었기 때문이다. 이 둘 사이에는 하늘과 땅같은 차이가 있다는 사실을 알게 된 것은 그 후 소박한 신문독자와 만나서 이야기를 나누었을 때였다.

"그렇지요. 그야 물론 전혀 다른 것이지요!"

우리 알피니스트들은 이미 오래전부터 진실이라고 하는 불문율 즉, 시적 진실이 아니라 그야말로 진짜 진실에 충실하려는 불문율 속에서 살아가고 있다는 사실을, 미적 감각은 풍부하지만 스포츠와는 전혀 인연이 없는 편집자가 좀처럼 이해하지 못했던 것이다. 더구나 나처럼 단독등반을 주로 하는 사람은 특히 이 원칙을 명확하게 지켜야 하며 또한 내용과 형식에 있어서도 성실하게 가식이나 수정없이 있는 그대로 기술하기만 하면 되는 것이다.

만약 누구든 현실(요컨대 지형·상황기상·동반자·사건·행위 등)을 멋대로 조작해서 '시적 진실'을 만들어내도 상관없다면 틀림없이 멋진 상황이 벌어질 것이다. 그렇게 한다면 거울처럼 표면이 매끄러운 바위를 줄줄이 이어지게 하고 삼 면이 처마처럼 솟아나온 벼랑틈새기(Chimney)를 솟아있게 하며, 히말라야의 몬순(monsoon)을 알프스에서도 불게 할 수 있을 것이다. 그리하여 '시적 진실'이라고 하는 멋진 분위기 속에 엄청난 슈퍼맨을 등장시킬 수도 있다. 등장인물은 모두가 두려움을 모르며 흠잡을 데 없는 용사들 뿐이다. 나의 동료 저술가들의 경향으로 볼 때 2,3년 안에 알프스 문학에는 카를 마이(Karl May, 1842~1912)씨라든가 쿠르츠 말러(Kurz Mahler) 여사의 작품이나 영화에 나오는 것같은 '시적 진실'에 넘치는 은하수가 흐르게 될 것이다. 후크는 물론 마음의 깊은 속까지 꿰뚫어볼 수 있는 위대한 사람을 생각하고 있는 것이겠지만, 아무래도 피상적인 효과나 추구하는 좀스러운 인간도 나타날 것임에 틀림없다. 부정이나 사기 따위에는 한계가 없는 것이다. 오늘날 흔히 보게 되는 등산풍경화, 산 이름도 없고 알피니스트 이름도 없으며 분명히 한정된 장소와 시기도 없는 정서적인 등산풍경화라는 것도 보통 문제가 아니다. 잘 알고 있는 사람도 많으리라고 생각하지만 이트링거의 문집 중에는 한 놀라운 스케치가 있다. 한 젊은이가 의욕에 불타올라 어마어마한 벼랑을 기어오르기 시작했는데 벼랑 중턱에서 오도가도 못하게 된다. 밧줄도 없어 내려갈 수도 없게 된 그는 거울처럼 매끄러운 단면을 보여주고 있는 옆의 벼랑에 손가락 굵기의 바위옹두라지가 있는 곳을 목표로 몸을 날렸다. 그는 눈으로 확인한 것은 아니지만, 그 벼랑 모서리 뒤쪽에는 틀림없이 손으로 잡을 수 있는 바위틈이 있을 것이라고 예감했던 것이다. 그런데 이트링거는 이러한 사실을 매우 감동적으로 묘사하였다. 우리 알피니스트들은 이런 일을 가끔 겪고 있으며 이렇게 막다른 위기에 몰렸을 때 뜻밖의 살 길이 생기는 것이다. 그런데 그의 묘사가 이토록 깊은 감동을 자아내는 것은 그런 일을 이트링거가 실제로 겪었기 때문이다. 그것은 결코 에른스트 슈트롬(Ernst Strom)이 묘사한 것같은 픽션이 아니기 때문이다. 사실에 의거해서 세밀하게 서술된 이 전율의 장면은 이를테면 카르벤델(Karwendel Gebirge)의 벼랑에서도 직접 볼 수 있는 일이다. 그곳에서는 현재 살아있는 사람이 실제로 책에 묘사된 대로 행동한 일이 있는 것이다.

이런 말을 하는 사람을 만나게 되면 우리는 그들의 진실만을 추구하는 자세를 전적으로 믿어준다. 그래서 우리는 이와같이 말없는 진실이 지배하는 영역으로서의 알프스문학과 자유분방한 공상의 세계에서 창조된 인물이 '예술적 진실'이라는 법칙에 따라 이룩한 문학과의 사이에 명확한 한계선을 그어야 한다.

우리 알프스문학가들이 해야 할 일은 여느 문학보다도 훨씬 어려운 일이다. 우리는 어떤 풍경이나 모험, 또는 그밖의 어떤 체험이라도 그 속에 잠자고 있는 예술성을 일깨워 드러낼 능력을 갖추어야 한다. 동시에 한편으로는 효과나 예술적 수식만을 바란 나머지 그 드러낸 예술성을 비현실적인 모습으로 조작해서는 결코 안된다. 우리는 현실에 아무 것도 덧붙여서는 안된다. 또한 동시에 중요한 시추에이션(situation)을 묵살해서도 미화해서도 안된다. 운좋게 때를 만나 이처럼 어려운 작품으로 성공한 사람이 있다면 그는 참으로 존경을 받아서 마땅하다. 그러한 작품을 절대로 쓰레기같은 잡문 속에 뒤섞어서는 안된다. 왜냐하면 로도스(Rhodos)섬의 아폴로(Apollo)신상(神像)처럼 진실과 미, 두 가지를 동시에 갖추기는 매우 어렵기 때문이다. 이렇게 창작된 작품은 민족의 보물이며 이미 단순한 스포츠문학이라는 정도의 차원에 머무는 것이 아니다. 천재적인 초상화가는 이와 비슷한 일을 할 수 있다. 대상을 충실하게 재현시키는 동시에 그 속에 숨겨져있는 더욱 깊은 비밀을 드러내보이기 때문이다. 과학과 예술 사이에 이같은 다리를 놓는 걸작을 오늘날에도 여러 개 볼 수 있다.

토렌티노(Nicolao Almeida Tolentino, 1745~1811)의 〈괴테 전기〉, 모로(Emile Moreau, 1852~1922)의 〈쉴러 전기〉, 셰퍼의 〈페스탈로치 전기〉, 리카르다 후크(Ricarda Huch, 1864~1947)의 〈가리발디 전기〉, 이나 자이델의 〈게오르크 포르스터 전기〉 등이 이에 해당되는 것들이다.

그러나 만약 〈에그몬트〉의 작가나 〈돈 카를로스〉〈오를레앙의 처녀〉의 작가가 아무리 대담한 시적 자유를 발휘한다거나 또한 오늘날의 초상화가들이 제멋대로 주인공의 표정을 꾸민다 하더라도, 역시 우리 알피니스트들은(독자도 필자도) 얄팍한 잔재주를 부려 속임수를 쓸 수는 없는 것이다. 누구든 내용과 형식에서 오직 틀림없는 진실만을 표현해야 한다.

특히 내용과 형식 두가지 측면에서 관찰·체험·수행되는 것은 모두가 성실성에 바탕을 두어야 한다. 그러나 여기에도 장애가 없는 것은 아니다. 별로 말하고 싶지는 않지만 관찰자로서 뒤떨어져있는 알피니스트가 너무나 많은 것이다. 모든 것을 흘낏 쳐다보기만 할 뿐, 스포츠라는 투쟁의 열기에 휩싸여 그 무대 주위에서 눈짓하고 있는 모든 것을 살펴볼 여유도 갖지 못하는 점이 문제이다. 주위 환경의 사물 역시 하나하나가 필연적으로 전체와 연관을 맺고 있는 것이다. 보다 예민하고 시야가 넓은 관찰자가 되기 위해서는 성급하게 들뜨는 흥분을 차분하게 누르고, 산행중에 일어난 모든 사건을 간결한 글로 되도록 정확하고 충실하게 빨리 메모해 두어야 한다.

그러나 어떤 상태나 사건을 언어의 힘을 빌려서 실제로 체험한 그대로 충실하게 표현할 수 있을 것인가? 예컨대 어떤 등반에서 위험에 직면했던 경우를 충분히 설명하기 위해서는 얼마나 많은 어휘가 필요할 것인가? 어떤 험준한 산등성이를 오르려 할 때는 의당 좌우의 깎아지른 듯한 낭떠러지에 대해서도 상세하게 묘사하지 않으면 안될 것이다. 좌우의 낭떠러지는 그 산등성이를 타고 가는 사람에게 끊임없이 강렬한 인상을 주기 때문이다. 사실대로 표현하자면 그 당시에 한 걸음 한 걸음 발을 옮길 때마다 느꼈던 심정을 세밀하게 묘사해야 할 것이다. 그렇게 해야만 비로소 독자들은 몇 시간씩 계속되기도 하는 극도의 긴장감을 우리가 실제의 산행에서 느낀 그대로 느낄 수 있지 않을까? 등산의 분위기, 그 밖의 기본적 요소에 대해서도 마찬가지이다.

이를테면 점점 더 세차게 휘몰아치는 폭풍우라든가 눈보라가 계속적으로 온몸을 강타하고 위협할 때, 모진 추위가 온몸을 얼어붙게 하고 손발의 감각마저 마비시켜 더 이상 한걸음도 옮길 수 없게 되어 동료를 도와주기는 커녕 자기 몸마저 가눌 수 없게 되었을 때, 또는 목을 조이듯 불안감을 주는 짙은 안개 속에서 길을 잃고 빠져나갈 길을 찾지 못하는 사람의 소름끼치는 고독과 절망, 그 같은 절실한 체험을 도대체 어떻게 표현하여 독자들에게 공감을 느끼게 할 것인가? 본래 이런 것은 어떤 문장의 경우라도 말하자면 전체를 지배하는 기본 테마 멜로디로서 바닥에 깔아야 하지 않을까? '안개—불안—안개—불안……' 하는 반복으로서……. 하지만 그런 일이 가능한 것은 교향악의 경우일 뿐이며 언어로는 도저히 불가능하다. 언어는 언제나 한 가지 사실만을 표현할 뿐이며 동시에 여러가지를 설명하지는 못한다.

이러한 예술적 테크닉상의 어려움에 심리적 장애가 덧붙여지는데 그것은 요컨대 수치심, 내성적 기질과 허영이다. 이러한 심리작용은 사실 묘사에 있어서 중요한 요소를 솔직하게 드러내는 것을 가로막고, 그 표현을 대중적·통속적·보편적인 것으로 수정하고 마는 것이다. 푸르트셸러가 블로디히와 함께 피셔호른(Fiescherhorn 4,049m)을 넘었을 때의 이야기를 쓴 일이 있는데, 그는 그 등반기를 다음과 같이 마무리짓고 있다. '우리는 만년설의 빙하를 단숨에 내려와 3시 정각에 콘코르디아 산장에

234

푸르트 셸러와 블로디히

당도했다.'

그런데 몇 해 뒤 블로디히도 이 산행에 대한 등반기를 썼다. 그는 마무리 부분을 똑같이 기록하고 있다. '그리고 언제나 그랬듯이 자일은 배낭에 넣어둔 채로 있었다… 빙하는 두어 군데를 제외하고는 전혀 눈이 쌓인 곳을 볼 수 없었다.' 그런데 갑자기 내가 깊은 빙하골창(크레바스)에 빠졌던 것이다. 다친 곳은 없었지만 골창바닥에는 무릎깊이의 물이 고여 있었기 때문에, 골창의 양쪽 측면에 몸을 대고 버티면서 얼어죽지 않기 위해 기를 썼다. 푸르트셀러는 보조자일을 갖고 있지 않았고 한두 발쯤 되는 끈조차 없었다. 그래서 바지의 멜방끈과 아이젠·구두·그리고 배낭의 끈들을 모두 이어 간신히 내가 갖고 있던 자일을 달아올린 다음, 나를 끌어올릴 수 있었다. 그 다음에는 조심스럽게 서로의 몸을 자일로 연결하고 콘코르디아 산장으로 서둘러 내려왔다. 젖어 얼어붙은 옷을 갈아입고 난로가에서 담요를 둘러쓴 채 뜨거운 수프를 마시며 몸을 녹여 겨우 동상을 면할 수 있었다. 이틀 후 우리들은 똑같은 빙하길을 어슴푸레한 달빛 속에서 거슬러 올라가며 정상을 향했던 것이다(블로디히 〈알프스의 4천미터봉〉).

푸르트셀러는 과연 등반체험을 충실하게 재현했다고 볼 수 있을까? 만약 그가 그 기록의 훨씬 앞부분에서 묘사를 중단했다면 어쩌면 그는 잘못을 저지르지 않은 것이 될지도 모른다. 그런데 이처럼 위험한 생사가 걸린 사건을 마지막 부분에서 의식적으로 묵살한 것은 아무래도 사기라고 할 수밖에 없지 않은가?

이러한 역전의 용사들까지도 실수에 실수를 거듭하고 단지 운이 좋았다는 것만으로 파국(破局)을 면할 수 있었다는 사실을 블로디히의 글에서 읽어 본다는 것은 노소(老少)를 막론한 모든 알피니스트들에게 교훈이 될 것이다.

산의 위험을 이론적으로 밝혀낸 푸르트셸러가 바로 자신의 허술함을 숨기고 자신을 운좋은 도박사로 묘사하는 것을 피함과 동시에 동료를 웃음거리로 만들려 하지 않았다는 사실을 인간적인 면에서 이해할 수 없는 것은 아니다. 하지만 그의 저서의 내용은 블로디히의 기억 속에 있는 것과는 전혀 다른 것이다.

문학작품, 이를테면 산악소설의 독자는 자유분방한 공상이라든가 내면적인 시적 진실, 의식적인 명문(名文)을 기대하게 마련이다. '명문장가의 가치는 현명하게 묘사를 절제하는 가운데에서 두드러지게 나타난다'는 말이 있다. 그러나 역사적인 보고(報告)의 책임을 지고 있는 사람은 그야말로 산행의 시작에서 끝까지 세밀하고 충실하게 기록해야만 한다. 즉 뚜렷하게 남아 있는 오점을 그럴 듯한 장식품으로 가려서 숨긴다든가, 묵살의 어둠 속에 감추려해서는 안된다.

당신의 행동에 대해서 완전한 침묵을 지키는 것은 허용되지만 반만의 침묵을 지키는 것은 허용되지 않는다.

내가 여기서 고전에 속하는 사례를 들어 설명한 것과 비슷한 일들이 오늘날에도 가끔 일어난다. 파울 휴버(Paul Huber)처럼 자신에 대해서 진실로 엄격한 자세로 임할 수 있는 사람은 매우 드물 것이다. 그렇다면 자신에 대해서 엄격하게 진실을 털어놓을 수 있는 사람이 동반자나 다른 사람에게 대해서도 그렇게 할 수 있을까? 이것은 특히 스포츠에서 관례가 되어있는 병적으로 과민한 명예심에 관한 문제이다.

나는 1884년에 아무런 악의도 없이 다음과 같은 글을 쓴 일이 있다.

H씨는 바로 그 때 밧줄과 아이젠을 갖추고 길잡이를 앞세워 이 고샅길(Couloir)을 올라왔다. 하지만 그 때 나는 그런 장비는 하나도 없이 내려왔다.

이 글에 대해서 몹시 기분을 상한 H씨는 그 후 나에게 좋지 않은 감정을 품고, 젊은 나이에 산에서 조난하여 세상을 떠날 때까지 나를 용서하지 않았다.

'당신의 말은 사실이오. 그렇지만 한마디 묻겠는데 밧줄과 아이젠을 갖춘다는 것이 수치스러운 일인가? 길잡이를 앞세우고 산을 오른다는 것이 1884년의 시점에서 치욕적인 일이란 말인가?' 그는 내가 그를 몹시 '모욕'했고 '겁장이라고 멸시했다'고 생각한 것이다. 이같은 경우 다른 사람에 관해서 사실에 충실한 보고를 한다는 것은 아무에게도 용납되지 않을 것이다.

그런데 여기서 다시 문제가 되는 것은 심리적 진실이다. 극소수의 사람들만이 자기자신의 마음 속을 깊이 꿰뚫어볼 수 있다고 한다. 그들은 가면을 쓰고 자신의 행위나 감정을 몇 백 가지 자기합리화로 미화하려고 든다. 그런데 이따금 가장 가까운 사람이 그런 속임수를 간파하게 되는 것이다.

여기서 또 한 가지 색다른 비난의 사례를 들어보자. 알프스문학가를 '서재문학' 또는 '서재사상(현실성이 없고 극히 관념적인 문학)'의 소유자라고 비난하는 것을 흔히 듣게 되는데 이것은 당치 않은 일이다. 어떤 산행에서 몹시 감동했던 일을 즉시 재치있는 글로 발표한다는 것은 좀처럼 쉬운 일이 아니다. 이따금 나는 홀로 산의 정상에 앉아서 휴식을 취할 때 바로 조금 전에 겪었던 일을 글로 정리해 보려고 한 적이 있었다. 그러나 삭막하고 메마른 보고 이상의 것은 나오지 않았다. 인간의 신경조직은 오직 한 가지 계통밖에 없다. 그리고 육체의 격렬한 운동이나 희박해진 대기는 가장 높은 차원의 정신적 에너지를 약화시키는 작용을 한다. 내가 가르치고 있는 학생들이 체조수

업을 마치고 교실로 돌아올 때 맑은 눈, 밝은 얼굴을 보인 일이 없다. 그들은 모두가 지쳐서 맥빠진 표정을 짓고 있었다.

또한 우리의 마음 역시 뼈저린 체험을 즉시 자유자재로 정리하지는 못한다. 며칠 또는 몇 주일 지난 후까지 여전히 되지 않는 경우도 있다. 좋은 열매는 더디 익는 것이다. 따라서 모든 기억이나 고백처럼 알프스문학에 있어서도 '서재 감정'만이 작용하고 있다고 할 수는 없다. 그래서 이 문제는 될수록 빨리 펜을 드는 방법만으로 해결되지 않는다. 차라리 독서를 통한 지식이라든가 통속적인 일, 또는 남의 이목(耳目)으로부터 벗어나 자신의 내면 깊은 곳에 침잠하는 것이 좋다. 시인이나 화가— 램브란트라든가 라이블 또는 뵈클린같은 —에게 '구체적'으로 보이는 것은 실제 대개의 경우 내가 '고생 끝에 얻어낸 2차적 소박성'이라고 부르는 바로 그런 것이다. 대개의 경우 그것은 연마와 수련과 예술적 탐구 끝에 얻어진 소박성이다.

아무리 재능이 뛰어난 천재적 작가라 해도 단번에 성공히는 일은 별로 흔치 않을 것이다.

여러분은 괴테의 〈나그네의 밤노래 (Wanderers Nachtlied)〉 초고(草稿)를 알고 있을 것이다.

Unter allen Gipfeln   모든 묏봉우리 밑에는

Ist Ruh ;	쉼이 있고
In allen Wäldern	모든 숲속에서
Hörst du	그대 들으리라.
Keinen Laut !	침묵을!
Die Vögelein schlafen im Walde	새들은 숲에서 잠들으리
Warte nur! Balde,	기다리라, 이제 곧
Balde schlöfst auch du !	그대 또한 잠들게 되리니.

(역자 : 참고 삼아 이 시의 결정본 원문과 그 번역을 덧붙인다.)

| 〈 Wanderers Nachtlied | 나그네의 밤노래〉 |

Uber allen Gipfeln	묏봉우리마다
Ist Ruh,	쉼이 있고
In allen Wipfeln	모든 가지마다
Spürst du	그대는 느끼리
Kaum einen Hauch,	숨소리도 없음을….
Die Vögelein schweigen im	숲속의 뭇새들도 지저귐
Walde	멈추니
Warte nur, balde	잠시만 기다리라, 곧이어
Ruhest du auch !	그대도 편히 쉬게 되리니.

요한 W. 괴테

완성된 이 작품에 비할 때 애초의 초고는 아무리 좋게 보려
해도 어설픈 습작 산문밖에 되지 못한다. 괴테같은 불세출의
대문호(大文豪)도 초고를 쓰고 나서 한동안 지난 다음에야 비로
소 구체적인 시상(詩想)에 무르익어서 황금의 열매를 맺었던 것
이다.

이제 여기서 다시 당면 과제인 '진실'에 대해서 살펴보기로
하자. 다른 사람에 대한 배려라든가 이해타산 심리는 앞서 말한

것처럼 보고의 충실성을 가로막고 손상시키는 것인데, 이는 또한 동반자를 망신시킬지도 모른다는 우려로 말미암아 솔직하게 서술하는 것을 두려워하게 한다. 자일 카메라덴(자일 파티) 사이에서 가끔 일어나는 갈등이 때로는 아름답지 못한 광경을 연출할 때도 있다. 어리석은 대담성과 냉철한 이성 사이에 또 비겁함과 용기 사이에서 어떤 격투가 벌어지는가? 자일을 놓지 않으려고 하는 겁많은 동료를 어떻게 다룰 것인가? 롤리아와 내가 마터호른에서 추락했을 때의 경위에 대해, 그는 후일 영어로 쓴 등반기에 다음과 같이 서술했다.

엄청난 고생 끝에 간신히 고샅길로 들어섰다. 그러나 거기에서도 그야말로 우박처럼 굴러떨어져오는 낙석에 대해서는 방어할 길이 없었다. 어떻게 그 고샅길을 뚫고 나갈 수 있을까? 이 마당에서 어떤 방법이 있을까?

그러나 방법이 있기는 틀림없이 있었다. 그·방법은 안자일렌하고 고샅길 벼랑 밑에 몸을 바짝 붙이고 선 채, 저녁 4시부터 새벽 4시까지 끈기있게 참고 기다릴 수밖에 없었던 것으로 우리는 즉시 그것을 알아차렸다.

그런데 롤리아는 이 결정적인 대목에서 거짓 보고를 하고 있다. 그 이유는 내가 사회의 지탄을 받지 않게 하려는 배려를 했기 때문이다. 그러나 나는 35년 후에 용기를 내어 그 부분을

한둔(bivouac)

이렇게 메꾸었다.

'벼랑 밑에서 한둔(bivouac)을 하세. 물론 지독한 하룻밤이 되겠지만 말야'하고 얼굴이 새파랗게 질린 동료가 말했다. 그러나 나는 그 말에 심하게 반발하며 소리쳤다. '등반을 성공적으로 끝냈다면 모를까 정상에 오르지도 못하고 실패한 채로 도중에서 한둔하는 것은 싫네.' 그의 말은 정당했고 충분히 이해할 수도 있는 것이었다. 하지만 나는 그 때 롤리아를 리드하는 위치에 있었고 열의에 불타고 있었으며, 화도 나고 뱬도 꼴려서 냉소를 띠고 명령조로 말했다. 바로 나는 그런 감정에 휩쓸려 있었던 것이다. 그는 마침내 나의 세찬 기세를 꺾지 못해 내 말에 동의했고, 그 결과 파국에 빠지게 되었던 것이다. (35년이라는 오랜 세월이 지난 다음이기 때문에 나의 기억착오라든가 또는 나의 '서재 감정'을 정리한 것에 불과하다고 생각하는 사람이 있다면, 베를린의 국립도서관에 있는 다름슈테터 박사의 필적수집물 중 롤리아의 묶은 편지가 있을테니까 확인하기 바란다.)

롤리아의 글은 바로 그 결정적인 장면을 비워놓고 건너뛰었기 때문에, 스포츠 기록으로서도 심리묘사 기록으로서도 가치없는 것이 되었을 뿐만 아니라 오해까지 살 수도 있다고 하겠다. 왜냐하면 우리의 추락에 대한 책임은 오직 나의 광적인 반항에 있었기 때문이다.

내가 다른 알피니스트들, 이를테면 펜할이라든가 임젱같은 사람들과 야심적인 경쟁심리에 빠져들었던 것은 절대로 아니다. 단지 나는 거만하게 버티고 있는 마터호른을 심술궂게 횡포를 부리는 적으로 간주하여 몹시 증오하고 있었다. 지금도 역시 우리의 등 뒤에서 마구 돌을 집어던지고 있지 않은가? 나는 절대로 이런 고약한 개구장이에게 굴복할 수는 없다고 다짐했다. 그러나 결국은 그런 오기로 말미암아 지독한 패배를 당하고 말았다. 내가 이런 사실을 솔직하게 털어놓지 않는다면, 아무도 이러한 어리석음과 억누를 길 없는 열정을 알지 못할 것이다. 일단 이렇게 뛰어난 후각(嗅覺)을 갖게 된 사람은 수많은 등반기 속에서 심리적으로 본질적인 것을 찾아 가려내는 동시에 묵살당한 부분, 과장되고 수식된 부분도 밝혀낸다. 프락스마러 카르슈피체(Praxmarer Karspitze 2,641m) 북벽의 그 지독했던 엿새 동안의 등반기록을 다시 한번 세밀하게 검토·분석해보기 바란다 (오스트리아 알프스연감 1922년, 182페이지).

결정적인 대목은 모조리 묵살당하거나 왜곡되었고, 묘사도 엉성하며 심리학적으로도 아무 쓸모가 없는 기록이다.

등반대의 한 사람으로 참가했던 적이 있는 사람이면 누구나 알고 있겠지만, 대원들은 모두가 마음 속으로는 진실이 밝혀질 것을 두려워하고 있었으면서도 한결같이 끈질긴 정신력으로 이와 맞싸우고 있는 것이다. 등반보고 강연을 즐겨 듣는 청중이나 등반기록을 즐겨 읽는 독자들도 그런 정도는 모두가 잘 알고 있다. 다만 아무도 그 같은 속마음을 솔직하게 말로 표현하려 하지 않을 뿐이다. 어찌 된 일인지 하필이면 심리적으로 가장 중요한 의미가 있는 문제가 하찮은 것으로 취급되고 무시되어, 말소당하고 있는 것처럼 보인다. 그렇다고 그것이 사라져 없어진 것은 아니다. 그래서 등산은 산을 모르는 사람들에게는 매우

산의 여왕 마터호른

기술적인 운동인 것 같은 인상을 준다. 스포츠기록은 흔히 그런 인상을 주고 있다. 그러나 사실은 흥분과 열의, 불안과 공포 등 처절한 정신의 투쟁과정이다.

영원히 순수한 모습을 유지하고 있는 산에서는 언제나 진실의 바람만이 우리를 향해 불어오고 있다. 그래서 알피니스트는 성실해질 수밖에 없고, 자신에게 대해서는 물론이요 다른 사람에게 대해서도 속임수를 쓰거나 잔재주를 피우려고 해서는 안된다. 두려움을 느낀다는 것은 결코 수치스러운 일이 아니다. 두려움에 굴복하는 것이야말로 수치스러운 일이다. 생물은 강하고 건강할수록 생명에 대한 애착이 더욱 강해지고 죽음에 대한 불안도 커진다. 오늘날 누구나가 터무니없는 영웅행위, 풍선처럼 부풀어오른 영웅주의에 정신이 들떠 있는 판에, 죽음의 공포에 사로잡혀 발이 후들후들 떨렸다든가 주저앉아서 벌벌떠는 어린애처럼 되었다고 솔직하게 쓸 수 있는 알피니스트는 좀처럼 없을 것이다. 또한 자신과 동료의 생명이 걸려있을 때, 눈에 핏발이 시서 주사위를 던지는 노름꾼처럼 이판사판의 모험을 했다고 쓰는 것도 허용될 수 없다. 어떤 사람이 했든간에 그런 일은 부도덕하며 미친 짓이라고 할 수밖에 없기 때문이다.

그러나 아무리 내심의 저항이 강할지라도 나는 진실만을 추구하려는 이상을 결코 버리지는 않겠다.

그런데 다음에는 '겸손'이라는 미덕도 문제가 된다. 겸손이라는 미덕은 어린이에게도, 시원치 않은 사람에게도 훌륭한 미덕이다. 또한 자기의 진짜 능력이라든가 결점을 냉철한 눈으로 꿰뚫어 본다는 것은 유능한 사람들에게는 더할 수 없이 어울리는 일이다. 그러나 우리의 피상적인 사회는 거짓된 비하(卑下)를 요구할 뿐, 자신의 진정한 가치를 인정받으려는 행위는 건방진 수작이라고 비난하게 마련이다. 지금 여기서 자기자신과 자신의 행위를 눈부시게 밝은 햇빛 아래 솔직하게 드러낼 수 있는 사람이 과연 얼마나 될까?

대부분의 사람들은 자신의 속마음을 서슴없이 털어놓는 것을 꺼려한다. 그러나 시인은 자기의 작품을 태연히 발표한다. 그런데 어째서 산악문학에서는 그것이 인정되지 않는 것일까? 바로 그 점이 산악문학과 일반문학이 분명히 구별되어야 한다는 근거가 되지 않을까? 섬세한 정서를 지닌 사람은 단지 쑥스럽다는 생각만으로 자기가 쓰는 글에 막연한 보편적 감정만을 담을 뿐, 자기의 개성있는 견해나 기분을 조심스럽게 숨기려 하는 경우가 많다. 그리고 이런 경우 펜으로 거짓말을 쓰고 있다는 사실을 알아차리지 못하고 있다. 자기의 마음 속에 촉촉히 내리는 비를 낯모르는 사람들에게 알리고, 또 산 위에서 오랫동안 남모르게 맛보았던 고독의 베일을 대중 앞에서 거두어야할 의무가 있는 것은 아니다. 그러나 그 일을 할 수 있는 사람은 낯모르는 허다한 사람들에게 건네준 약속어음을 지급기일이 되었을 때 위조지폐로 결제하려 한다든가, 이러쿵 저러쿵 핑계를 대어 결제를 미루거나 회피하려 해서는 안된다는 사실을 잘 알고 있는 사람이다. 이와같이 지나치게 세밀한 부분에 구애받는 등반기는 정교하게 만들어진 위조지폐나 다름없다.

수많은 대중 앞에서 자신의 속마음을 드러내는 것은 쉬운 일이 아니다. 가령 내가 '나는 쓸쓸한 톱날등성이(Zinne) 위에서 가끔 바위를 부여안고 뺨을 비비기도 하고 산마루를 넘어가는 저녁해에 감동하여 넋을 잃고 바라보기도 하며, 휘몰아치는 재넘이 바람에도 견디며 꿋꿋하게 꽃을 피운 애기냉이의 가련한 꽃잎에 감동해서 눈물을 뿌리지 않을 수 없었다'는 글을 쓴다면 그것은 이 20세기의 세상에서는 초인적인 용기가 필요한 일일 것이다. 그런 글을 썼다가는 냉소적인 비평가들이 마치 사나운 개처럼 인정사정없이 나를 물고 늘어지려 할 것이기 때문이다. 서로 솔직하게 마음을 털어놓을 수 있는 사람은 적어도 내면의 세계가 상당히 비슷한 사람이어야 한다. 그러나 한편 정신적인 면으로 살펴볼 때 완전히 통일된 독일 민족 같은 것은 절대로 존재하지 않는다. 영국민족도 이탈리아민족도 러시아민족도 마찬가지일 것이다. 우리가 민족이라고 부르고 있는 것은 본래

정상에서의 승리감

전혀 다른 시대 사람들을 정신적 관점에서 한데 묶은 혼합체에 지나지 않는다. '미국 1929년'이라든가 '베를린 1929년' 하는 식으로 일종의 정신적 고정관념의 딱지가 붙여진 사람에게 무슨 수로 한 사람 한 사람의 심정을 이해시킬 것인가? 더구나 나 자신의 정서의 근원은 멀리 장·파울, 젊은 날의 괴테, 클로프슈톡크, 에크하르트와 부처에까지 미치고 있다. 아마도 심정이라는 것은 300년이나 500년의 주기로 순환하는 것인지도 모른다. 같은 시대에 살고 있는 사람들의 심정이 이다지도 서로 이해되지 않는다는 사실 그 자체만 보더라도, 우리들 각 개인 고유의 영적(靈的) 순수성이 존재한다고 하는 확실한 증거가 되지 않을까? 그러한 영적 순수성을 해치려는 것은 아무리 뛰어나고 섬세한 감각을 지닌 사람이라도 불가능할 것이다. 가만히 생각해 보면 참회라는 것은 중세기에나 어울리는 것이다. 중세기에 인간은 정형적(定型的)인, 틀에 박아낸 것같은 존재였을 것이다. 그렇기 때문에 서로 완전히 상호이해를 기대할 수 있었던 것이지만 일단 개성이라는 것이 각각 명확한 윤곽 속에서 독자성을 주장하게 되자, 새로운 인간 마르틴 루터(Martin Luther-1483~1546)는 다른 사람들이 쓸데없이 이러쿵 저러쿵 비난하는 것에 심한 반발을 했던 것이다.

　지난 몇 년 전부터 청소년들과 함께 산행을 하는 경향이 두드러지게 나타나고 있다. 이런 경우에는 자연의 모습이나 스포츠 체험과 밀접하게 연결되어 있는 일체의 개성, 일체의 섬세한 감정이나 거친 감정, 일체의 단일음(單一音)과 불협화음, 일체의 기사도정신과 야만성, 일체의 영적 깊이와 경망스러움과 천박함 ─이들 무수한 요소에 대해 충분한 고려가 있어야만 한다. 그러나 내면의 독자성이라고 하는, 신비하고 알 수도 없는 보물 을 단순히 무미건조한 목록이나 혼란스럽게 허위로 표현하지 않고 숨김없이 드러내는 사람은 과연 누구일까?

이같은 영혼의 고통, 진실을 위한 고통에 대해서 다음과 같은 세가지의 충고를 할 수밖에 없다. 우선 첫째, 침묵을 지킬 것, 그것도 절반만 침묵하는 것이 아니라 완전히 침묵할 것. 그것이 불가능하다면 새로운 산행을 하더라도 간단한 등반보고로 끝내 야 한다. 둘째는 만약 표현하고 싶은 충동이 일고 또 그럴 만한 능력이 있다면, 여러분의 비밀을 예술적 표현이라는 순수한 태양의 높이까지 높여서, 이른바 100년에 한번 나올까 말까 할 정도의 걸작이 되도록 우주적인 완성도로 마감할 것. 그렇게 되면 수치심이라든가 편협한 시민적 배려는 무의미한 것으로 생각된다. 모든 것을 남김없이 말해도 되는 것은 고도의 형식이 발견되었을 때뿐이다. 끝으로 세번째 방법은, 순수문학이라든가 앞서 말한 암시적 스케치 형식으로 도피하는 것이다. 이 경우는 산악 이름과 동료의 이름, 또한 그 글을 쓰는 사람의 이름도 숨기고 날짜도 적지 말아야 한다. 물론 그렇게 하면 독자가 그 글의 내용전부가 순전히 공상의 산물이라고 생각한다고 해도 화를 낼 필요가 없게 될 것이다. 단지 어떤 경우에라도 거짓을 쓴다거나 본질적으로 중요한 사실을 수정하거나 해서는 안된다.

> 진실을 사랑하는 이는
> 말의 재갈을 거머잡고 있어야 하리.
> 진실을 생각하는 이는
> 발을 등자(鐙子)에 올려놓고 있어야 하리.
> 진실을 말하는 이는
> 팔 대신에 날개를 지녀야 하리.
> 그러나 밀처 샤피의 말에 의할진대
> 거짓말을 하는 자는 혼이 나야 하리라.

林鍾漢

1934년 서울 출생
서울대학교 문리과대학 철학과
한국사상연구회 간사, 월간 「現代日本語」 사장
한국국제문화협회 「アジア公論」 편집, 한국공업표준협회 출판부장,
한국품질경영연구원 편집주간, 한국산업경영개발원 전문위원.
현 관서신문 서울지사 근무
〈역서〉 海外公報舘 「韓國のすべて」
「韓國の古宮」, 「韓日交流二千年」, 「韓半島의 全貌」,
「Discover KOREA」 등

世界山岳
名著選 4

청춘의 샘

지은이 · 오이겐 귀도 라머
옮긴이 · 임종한
펴낸이 · 이수용
펴낸곳 · 秀文出版社

1989년 4월 10일 초판인쇄
1989년 4월 15일 초판발행
출판등록 · 1988. 2. 15 제7-35호
132-033 서울 도봉구 쌍문3동 103-1
전화) 906-0707 · 904-4774

세계의산맥
명작選 4